KB079791

HANDAN TO SENTAKU NI YAKUDATSU ⟨KAZU⟩ NO HOSOKU
by NOGUCHI Tetsunori
Copyright ⓒ 2014 NOGUCHI Tetsunori
All rights reserved.

Originally published in Japan by KAWADE SHOBO SHINSHA LTD. PUBLISHERS, Tokyo.
Korean translation rights arranged with KAWADE SHOBO SHINSHA LTD. PUBLISHERS, Japan
through THE SAKAI AGENCY and ENTERS KOREA CO., LTD.

이 책의 한국어판 저작권은 (주)엔터스코리아를 통해 저작권자와 독점 계약한 어바웃어북에 있습니다.
저작권법에 의하여 한국 내에서 보호를 받는 저작물이므로 무단전재와 무단복제를 금합니다.

생각의 틀을 바꾸는 수數의 힘

숫자의 법칙

The Rule of Numbers

노구치 데츠노리 지음 | 허강 옮김

數の法則

어바웃어북

$\mathcal{C}ontents$

| 프롤로그 | 숫자에 담긴 삶의 지혜 ⸺⸺⸺⸺⸺ 10

Chapter 01　　　　　　　　지혜의 수

01 우수한 20보다 열등한 80을 주목하라!

　|80대20 법칙| ⸺⸺⸺⸺⸺⸺⸺⸺ 20

🎲 명작을 탄생시키는 10% ⸺⸺⸺⸺⸺⸺ 28

02 부지런한 자와 게으른 자의 비율은 처음부터 정해져 있다

　|2대6대2 법칙| ⸺⸺⸺⸺⸺⸺⸺ 29

03 싸우기 전에 미리 승패를 알 수 있다

　|란체스터 법칙| ⸺⸺⸺⸺⸺⸺⸺ 33

04 3등과 격차를 벌이다보면 어느새 1등이 눈앞에

　|3대1 법칙| ⸺⸺⸺⸺⸺⸺⸺⸺ 40

05 새 고객을 찾을 것인가, 기존 고객을 맞을 것인가?

　|1대5 법칙| ⸺⸺⸺⸺⸺⸺⸺⸺ 45

06 몇 번을 봐야 사고 싶어질까?

　|자욘스 법칙과 세븐히트 이론| ⸺⸺⸺⸺ 49

07 신상품을 히트시키는 조건

　|보급률 16% 이론| ⸺⸺⸺⸺⸺⸺⸺ 53

08 눈에 보이지 않는 리스크에 어떻게 대처할 것인가

|1대29대300 법칙| ································· 58

09 명품 와인을 찾아내는 낭만적인 공식

|아센펠터 공식| ································· 62

10 왜 당신의 사죄가 상대방을 분노하게 만드는가?

|메라비언 법칙| ································· 65

11 첫인상은 처음 만나서 3분 안에 결정된다

|3·3·3 법칙| ································· 70

12 순위와 비율의 곱은 항상 일정하다

|지프 법칙| ································· 73

Chapter 02   선택의 수

13 확률에 얽힌 오해와 진실

|확률과 대수 법칙| ································· 78

14 TV 시청률 조사는 과연 믿을 수 있나?

|조사 대상 수와 오차| ································· 83

15 왜 항상 기대한 만큼 얻지 못할까?

|기대치 이론| ································· 86

🎲 이기는 도박 이론 ································· 92

16 운이 좋다는 말은 무슨 뜻일까?

|행운 이론| ·· 93

17 쉼 없이 두드리면 반드시 열릴까?

|성공확률 법칙| ··· 96

18 DM 1통도 무시해선 안 되는 이유

|0.3% 효과| ·· 100

19 대중을 바보로 만드는 숫자의 위력

|속임수 게임| ··· 103

20 계속해서 성공만 할 수 없는 이유

|실패확률 법칙| ··· 108

21 세상의 모든 현상을 설명하는 곡선

|이항분포와 정규분포| ·· 112

Chapter 03   설득의 수

22 매출과 상품 가짓수는 비례한다?

|선택 항목 삭감 법칙| ·· 118

23 사람들은 가장 마지막에 본 숫자의 영향을 받는다

|앵커링 효과| ··· 124

24 보수적인 것이 가장 잘 팔리는 이유

|타협 효과| **128**

25 잘 팔려서 베스트셀러일까, 베스트셀러라 잘 팔리는 걸까?

|밴드웨건 효과| **131**

26 이익보다 손해가 오래 기억에 남는 이유

|프로스펙트 이론| **135**

27 질문 방법에 따라서 답변이 180도 달라질 수 있다

|프레이밍 효과| **140**

28 충동구매의 쾌락과 이성적 소비의 판단력 중 누가 더 센가?

|선호역전 법칙| **144**

29 손해를 볼 줄 알면서도 중간에 손을 떼지 못하는 이유

|매몰 비용| **148**

🎲 십 대의 시간보다 오십 대의 시간이 더 빠른 이유

.... **151**

Chapter 04   논리의 수

30 이해하는 것과 설명하는 것은 다르다

|조건부 확률| **154**

31 주가에서 복권까지 적중시킨다는 족집게의 비밀

|사기 트릭| **158**

32 정보력이 확률을 높인다

|사전확률의 변화| ··· 163

33 결과로부터 어떻게 원인을 예측할 수 있는가?

|베이즈 정리| ··· 168

34 신뢰도 99%는 얼마나 믿을 수 있는가?

|확률의 신뢰성| ··· 172

35 부분으로 전체를 판단할 때 범하는 실수

|심슨 패러독스| ··· 176

36 1달 안에 10억 엔을 모으는 방법

|거듭제곱 법칙| ··· 180

37 평균은 전체의 중심이 아니다

|대푯값 원리| ··· 184

38 우연은 63%의 확률로 발생한다

|몽모르 문제| ··· 189

39 두 번 일어난 일은 세 번도 일어날 수 있다

|성공과 실패의 사잇값| ··· 193

40 일일이 세어보지 않아도 전체의 수를 가늠할 수 있는 방법

|비둘기집 이론| ··· 196

🎲 스포츠 대회에 담긴 숫자의 법칙 ················· 201

Chapter 05 관계의 수

41 5명만 거치면 전 세계 어느 누구와도 연결이 되는 까닭은?

|6단계 분리 이론| ⋯⋯⋯⋯⋯⋯⋯⋯⋯⋯ **204**

42 우주인 혹은 이상형을 찾는 방정식

|드레이크 방정식| ⋯⋯⋯⋯⋯⋯⋯⋯⋯⋯ **209**

43 모든 지도는 4가지 색으로 구분할 수 있다

|4색 정리| ⋯⋯⋯⋯⋯⋯⋯⋯⋯⋯⋯⋯ **214**

44 1이 첫째이자 시작이 될 수밖에 없는 이유

|벤포드 법칙| ⋯⋯⋯⋯⋯⋯⋯⋯⋯⋯⋯ **217**

45 신용카드 결제에 소수가 없으면 안 되는 이유

|소수 활용법| ⋯⋯⋯⋯⋯⋯⋯⋯⋯⋯⋯ **222**

46 순서를 매기는 것과 매기지 않는 것의 차이

|순열과 조합의 원리| ⋯⋯⋯⋯⋯⋯⋯⋯ **229**

47 사람들은 한 번에 일곱 자리 이상의 숫자를 기억하기 어렵다

|매직넘버 7 법칙| ⋯⋯⋯⋯⋯⋯⋯⋯⋯ **235**

48 해야 할 일을 미루지 마라, 나중에 하려면 곱절로 힘이 든다!

|에미트 법칙| ⋯⋯⋯⋯⋯⋯⋯⋯⋯⋯⋯ **238**

49 사칙연산의 꽃은 나눗셈이다!

|나눗셈의 묘미| ⋯⋯⋯⋯⋯⋯⋯⋯⋯⋯ **242**

🎲 두뇌 트레이닝에 좋은 '별난 곱셈법' ⋯⋯⋯ **247**

숫자에 담긴
삶의 지혜

수(數)의 역사를 찬찬히 살펴보면, 사람들이 오래전부터 숫자의 다양한 조합과 관계를 통해서 기상천외한 규칙들을 찾아내왔음을 알 수 있다. 이 규칙들은 아주 오래전부터 자연과학이나 철학과 같은 학문의 발전을 돕는가 하면, 근대에 이르러 자본주의가 득세하면서는 경영과 경제 분야에서 효율과 효용을 창출하는 데 커다란 영향력을 행사하기도 했다.

나는 오래전부터 자연과학과 철학, 경제 등에서 엄청난 활약을 해온 수들의 규칙에 매료되면서, 이러한 규칙들을 일상생활에 적용해보기 시작했다. 그 일상생활이란 결국 회사생활이라든가 비즈니스와 연관된 것들이 대부분이지만, 어느덧 이것을 주제로 강연을 하고 글을 쓸 정도로 성과를 내게 되었다. 이 책은 그 성과의 연장선이기도 하다.

책의 제목을 정할 때 나는 조금도 주저하지 않고 '숫자의 법칙'이라는 단어의 조합을 떠올렸다. 책을 쓰면서 숫자는 그 자체로 하나의 질서이고 룰(rule)이라는 생각이 더욱 확고해졌기 때문이다.

이러한 '숫자의 법칙'에는 크게 두 종류가 있다.

하나는, '수학이나 물리학에서 증명된 정리나 공식'으로서, 과학적으로 성립된 것이며 또한 절대적인 것이다.

나머지 하나는, '경험에서부터 나온 통계적인 수치에 기반한 규칙(경험칙)'이다. 이 경우에는 항상 정해진 법칙에 따라서 경험의 결과가 나타난다고 단정하기는 어렵지만, 그렇다고 해서 그 예측된 결과를 벗어나는 일이 자주 있는 것도 아니다.

"오늘날 전 세계 부의 80%를 세계 인구의 20%가 차지하고 있다."

"어떤 회사에서는 이익의 80%를 전체 종업원의 20%가 만들어낸다."

이런 말들을 가리켜 흔히 '80대20 법칙'이라고 부른다(조금 어려운 용어로 '파레토 법칙'이라고도 한다). 세상에는 전체의 80%를 나머지 20%가 만들어내는 경우가 많다는 것을, 사람들은 경험을 통해서 이미 알고 있기 때문에 이러한 법칙이 나온 것이다.

이를테면, "두 번 일어난 일은 세 번 일어날 수 있다", "백문이 불여일견이다" 같은 속담이나 고사성어도, 사람들이 생활 속에서 터득하고 깨달은 경험칙을 바탕으로 나온 것이다.

∴ **수학책과 수학선생님은 대체로 친절하지 않다?!**

과학, 경제, 예술, 언어, 심지어 인간관계에서도 찾아 볼 수 있는 공통된 현상 가운데 하나가 갈수록 복잡해지고 있다는 점이다. 복잡함의 정도는 숫자를 통해서 가능되기도 하는데, 그 덕택에 발전한 학문 분야가 통계학이다. 최근에는 통계학이 비즈니스 세계에서도 주목을 받기 시작했다. 그것은 아마 통계학이 특별한 것의 본질을 밝히고 의사결정을 하는 데 빼놓을 수 없는 편리한 도구이기 때문일 것이다.

예를 들어, 편의점 같은 곳에서는 통계에 기초해서 데이터를 분석하면서, 요일이나 시간, 기상 상태와 온도 등의 조건으로부터 그 날의 매출을 예측한다. 즉, 요일이나 기후 등 점포 밖 다양한 조건들과 점포 내 매출 사이의 규칙적인 관계를 찾아내서 그것을 수식으로 정립할 수 있다면, 그 수식에 맞는 수치를 넣어 계산만 하면 곧바로 그 날의 예상매출을 추정할 수 있는 것이다. 이와 같은 방식으로, 통계를 분석하는 방법에 '회귀분석'이라는 것이 있다.

이 책에서도 소개되는데, 여태껏 전문가가 실제로 그 맛을 보고서야 와인의 품질을 평가할 수 있었던 것도, 이제는 간단한 방정식처럼 만들어진 이른바 와인감별수식이 그 평가를 대신할 수 있게 되었다.

이처럼 이미 벌어진 일들에 대해서 어떤 규칙적인 패턴을 찾아내고, 그것을 간단한 숫자나 수식으로 만들 수 있다면 실생활에서도 편리하게 활용할 수 있을 것이다.

한편, 수학이나 물리학은 본래 숫자나 자연현상의 법칙성을 발견하기 위한 학문이라고도 할 수 있다. 처음에는 그저 경험을 통해서 일정한 규칙처럼 생각했던 어떤 현상이 점차 엄밀하게 증명되는 수식의 배경이 되었던 것이다.

쉽지만 재미있는 수학에서의 사칙연산을 그 예로 설명해보자.

1부터 10까지의 숫자를 모두 더한 값은 얼마일까? 이 문장을 수식으로 하면 '1+2+3+4+5+6+7+8+9+10=?'이 된다. 이 정도의 덧셈이라면 1부터 차례로 그 숫자를 더하더라도 힘들이지 않고 계산할 수 있다.

하지만 1부터 100까지의 숫자를 모두 더하면 얼마일까? 1부터 차례로 더한다고? 이 방법은 어지간히 귀찮다.

독일의 수학자 칼 프리드리히 가우스(1777~1855)는 초등학교에 다닐 때 1부터 100까지의 숫자를 모두 더한 값을 구하라는 문제가 나오자 곧바로 그 자리에서 문제를 풀어 정답을 내놓았다고 한다.

가우스가 그 때 사용한 방법을, 1부터 10까지의 숫자를 모두 더해서 구한 방법으로 설명하면 다음과 같다.

먼저, 첫 번째 줄에서는 1부터 차례로 10까지의 숫자를 모두 더한다. 두 번째에서는 첫 번째 줄의 방식과는 반대로 10부터 차례로 1까지의 숫자를 모두 더한다. 그리고 세 번째 줄에다는, 위의 각각 두 줄에, 같은 칸에 있는 수를 더한 값을 구해 적는다. 그러면 11이 나온다. 그리고 마지막으로, 이렇게 나온 11을 10번 더하는 것이다.

$$1 + 2 + 3 + 4 + 5 + 6 + 7 + 8 + 9 + 10$$
$$10 + 9 + 8 + 7 + 6 + 5 + 4 + 3 + 2 + 1$$
$$+)\ 11 + 11 + 11 + 11 + 11 + 11 + 11 + 11 + 11 + 11$$

그 결과로 나온 합이 11×10=110이다. 그런데 1부터 10까지의 합은 110의 반이다. 따라서 110÷2=55가 되는 것이다.

이와 같은 방법으로, 1부터 100까지의 모든 숫자를 더한 합계도 간단하게 구할 수 있다.

먼저, 첫 번째 수인 1과 마지막 수인 100을 더한 101이 100개가 나온다. 즉, 101×100=10100이 나오는 것이다. 그런데 1부터 100까지의 숫자를 모두 더한 값은 그 반이다. 따라서 그 값은 10100÷2=5050이 된다.

위의 두 연산을 통해서, 다음의 공식을 만들 수 있다.

연속하는 수의 합계=(첫 번째 수+마지막 수)×개수÷2

이것이 수학교과서에 나오는 '등차수열 합의 공식'이다. 위의 예는 그 차가 1인 등차수열의 합을 구한 것이다. 하지만 어떤 수학교과서에도 이렇게 숫자의 관계를 찾아 친절하게 설명하지 않는다. 수학시간에 선생님이 '단원 1. 등차수열'이라는 용어를 흑판에 적는 순간 여기저기서 수학포기자의 푸념만 흘러나올 뿐이다. 단언컨대 수학은 친절할수록 흥미로워지는 공부다. 이 책 '숫자의 법칙'은 지나칠 정도로 친절하고 세심하게 당신을 경이로운 수의 세계로 안내한다.

∴ 생각의 틀을 바꾸는 수의 힘

숫자의 효용에는 크게 두 가지가 있다. 그 하나는, 숫자로 나타내면 상황을 좀 더 쉽게 파악할 수 있다는 것이다. '대부분의 사람들이 찬성하고 있다'라고 하는 것보다는, '100명 중에 90명이 찬성하고 있다'라고 말하면 더 알기 쉬운 것처럼 말이다.

다른 하나는, 숫자로 나타내면 상대방을 설득하기가 좀 더 쉽다는 것이다. '아마 안전할 겁니다'라고 하는 것보다는, '99% 안전합니다'라고 하는 것이 설득력이 높은 것처럼 말이다.

그런데 당신은 99.9999% 실패할 것을 돈을 쓰면서까지 하고 싶다는 건가?

99.9999%는, 1등에 당첨될 확률이 10000000분의1인 복권을 10장 샀을 때 1등에 당첨되지 않을 확률이다. 복권 10장을 사서 1등에 당첨될 확률은 1000000분의1이다. 달리 말하면, 1등에 당첨되지 않을 확률은 1000000의 999999이다. 즉, 0.999999(99.9999%)이다.

당첨될 확률이 1000000분의1이라고 하면 그 수치가 주는 느낌을 빨리 떠올리지 못할 수 있다. 하지만 당첨되지 않을 확률이 99.9999%라고 하면 이제껏 왜 당첨이 되지 않았는지 그 이유가 조금은 실감이 날 것이다.

이처럼 숫자를 이용하면 알게 모르게, 이해되는 것이 제법 많다. 한마디로 숫자에 그것을 가능하게 하는 힘이 있는 것이다. 하지만, 바꿔 말하면 숫자가 나오면 그만큼 주의를 기울이지 않으면 안 된다는 뜻이기도 하다. 요컨대, 숫자로 제시되는 숱한 통계치 중에는 어떤 것은 진실을 반영하지 않거나, 아니면 누가 봐도 티가 나는 방식으로 통계의 결과가 인위적으로 조작되어서 나온 것들이 있다.

예를 들어, 다음과 같은 2대의 비행기가 있다고 하자. 여러분이라면 어느 비행기를 골라 타겠는가?

A. 99.9% 안전한 비행기

B. 1000회에 1회 비율로 땅으로 추락하는 비행기

딱 한 번 보고 머릿속에 떠오르는 직감으로는 A비행기가 안전할 것 같다. 하지만 실은 이 두 대의 비행기는 모두 확률적으로 동일한 비행 안전율을 가지고 있다.

같은 것이라고 해도, 숫자가 그것을 어떻게 나타내는가에 따라서 이를 받아들이는 사람이 그 인상과 느낌을 다르게 전달받을 수 있다는 점을, 독자들에게 미리 말하고 싶다. 어쨌거나 사람들은 숫자의 영향에 다양하게 노출되고 있는 것이다.

∴ 숫자에 숨겨진 재미있는 수수께끼들

"우주는 수학이라는 언어로 쓰여 있다."

이탈리아의 유명한 물리학자이자 천문학자인 갈릴레오 갈릴레이 (1564~1642)가 남긴 말이다.

원래 수학은 인간이 생각해낸 것인데, 그런 수학을 이용해서 자연현상 등의 물리적인 법칙까지도 수식으로 표현하는 것을 왜 이해하기 어려운 것으로 여기는 걸까.

갈릴레이의 말은, 본래 수학이라는 언어로 쓰인 우주를 인간이 발견했다는 뜻 아닐까? 아니면, 인간이 고안해낸 수학에 우주의 자연현상이 우연찮게 맞아떨어져서 나오게 된 것이 수학에서의 수식으로 남아 있게 된 것일까? 아무튼 갈릴레이가 남긴 경구는, 예로부터 많은 수학자들이나 물리학자들에게는 풀리지 않는 숙제이자 논쟁거리였다.

물론, 평소 수학에 관심이 많다면 여느 수학자나 물리학자처럼 수에 담긴 과학적 함의에 대해서 끊임없이 고민하고 공부해 보는 것도 뜻 깊은 일이다. 하지만 모든 사람들이 그렇게 어려운 질문에 부담을 느끼며 사는 것은 현실적으로 불가능할 뿐 아니라 그것을 강요하는 것도 맞지 않다. 그런데 입시 위주의 교육환경을 보면 어린 학생들에게 어려운 수학공식들을 익히도록 막무가내로 강요한다. 하지만, 어려운 입시 과목으로서의 수학보다는 삶을 풍요롭게 하는 지혜로서의 수학이 평범한 사람들에게는 훨씬 의미 있지 않을까? 지혜로서의 수학이야말로 수학을 포기한 아이들에서부터 어른들에 이르기까지 다시 수학의 즐거움을 만끽하도록 하는 촉매제가 될 것이다.

한 가지 덧붙이자면, 학교를 졸업한 뒤에 사회에 나가 다양한 비즈니스 업무를 경험할 때 수학이 적지 않은 도움을 줄 수 있다. 그럼에도 입시에서 벗어난 대부분의 사람들은 더 이상 수학을 거들떠보려 하지 않는다. 물론, 그동안 학교에서 수학 때문에 받은 상처를 생각하면 이해가 가고도 남는다.

그렇다면 수학이 아니라, 수에 담긴 재미있는 수수께끼를 하나씩 풀어 보면 어떨까? 지금부터 이 책이 매우 쉽고 친절하게 그 해결 방법을 알려 줄 것이다. 수에 담긴 재미있는 수수께끼를 하나하나 풀어나가다 보면 어떤 규칙 같은 것을 터득하게 될 것이다.

필자가 이 책에서 밝힌 숫자의 수수께끼는 바로 경험칙에서 우러나온 숫자의 법칙이다. 이것은 자연과학에서 비롯한 공식만큼 딱 맞아떨어지지는 않지만, 경험을 통해 숙성돼온 인간의 지혜로움이 한가득 담겨 있다. 자, 지금부터 그 지혜로움을 만끽하는 행복을 누려 보도록 하자.

노구치 데츠노리

CHAPTER

01

지혜의 수

01

우수한 20보다
열등한 80을 주목하라!

80대20 법칙

∴ 당신은 우수한 20에 속하는가, 열등한 80에 속하는가?

숫자의 법칙 가운데 가장 유명한 것을 꼽자면, 바로 '80대20 법칙'이 될 것
이다. 이탈리아 출신 경제학자 빌프레드 파레토(1848~1923)가 1897년에 발
표해서 그의 이름을 따 '파레토 법칙'이라고도 부른다.

이 법칙은, 부(富)의 분포가 한쪽에 치우쳐 있으며, 게다가 소수의 사람
들에게 사회의 부가 집중되어 있음을 설명한다. 그 분포가 대체로 '80대20'
정도이기 때문에, "전체 부의 80%를 20%의 사람들이 가지고 있다"는 것
이다. 파레토의 이 같은 주장은 그 후에 다양한 분야에서 사실로 밝혀졌다.
그 대표적인 예들을 들면 다음과 같다.

- 전체 매출의 80%는 종업원의 20%가 만들어낸다.
- 전체 매출의 80%는 상품이나 고객 전체의 20%에서 나온다.
- 전체 성과의 80%는 전체 업무 시간의 20%에서 나온다.
- 전체 실패의 80%는 모든 원인의 20% 때문에 발생한다.

이처럼 많은 원인과 결과를 놓고 보더라도 '80대20 법칙'으로 설명되는 현상을 어렵지 않게 찾아볼 수 있다. 그런데 이것은 어디까지나 경험에 근거해서 그 비율이 80대20 정도인 것이 많다는 뜻이지, 그것이 반드시 80대20이라는 것을 의미하지는 않는다. 게다가 그 비율 정도의 합이 꼭 100으로 된다고 정해져 있는 것도 아니다.

예를 들어 전체 매출의 70%가 전체 상품의 10%에서 나오는 경우도 있을 것이다. 또한 전체 성과의 90%를 전체 근무 시간의 30%에서 달성하는 경우도 있을 것이다. 이처럼 세상에서 벌어지고 있는 많고 많은 것들 중에는 평등하고 균형 잡혀 있는 것보다는, 불평등하고 불균형한 상태에 있는 것들이 훨씬 많다.

보통의 경우라면, 쏟는 노력이 20이라면 나오는 결과도 20이라고 생각할 것이다. 하지만 실제는 20의 노력으로 80의 결과가 만들어질 수도 있으며, 그 반대로 80의 노력을 하고서도 결과가 고작 20밖에 나오지 않는 경우도 있다.

빌프레드 파레토

이 같은 현상은 의미 있는 충격일 수도 있다. 그런데 이런 일이 자주 발생한다면 그것을 솔직하게 받아들여서 현명하게 이용하면 된다. 어떤 일을 하는 데에 있어서 원인과 결과가 불균형하게 나타난다는 것을 알 수 있다면, 오히려 이것을 철저하게 활용하면 되는 것이다.

예를 들어 전체 매출의 80%를 전체 종업원의 20%가 만들어낸다면, 이 20%의 종업원이 그들의 역량을 더욱 잘 발휘할 수 있는 환경을 마련해주면 되는 것이다.

전체 매출의 80%가 전체 고객의 20%에서 발생한다면, 이 20%의 고객에게 신경을 써서 더욱 친밀하고 지속적인 관계를 유지하게 하는 것이다.

전체 매출의 80%가 전체 상품의 20%에서 나오는 상황이라면 이것저것에 모두 손을 댈 것이 아니라, 사업 영역을 가장 자신 있는 분야로 좁혀서 상품을 개발하고 판매하는 전략을 구사하면 된다.

전체 성과의 80%가 총 소요 시간의 20%에서 나온다면, 그 20%의 시간에 모든 역량을 집중하고 나머지 80%의 시간에는 다른 작업을 하면 되는 것이다.

전체 실패의 80%가 20%의 원인에서 발생하고 있다면 실패의 원인이 되는 20%를 깔끔하게 제거해버리면 그만이다.

인생에서 느끼는 행복의 80%가 20%에서 나온다면, 본인을 행복하게 만드는 20%에 더 많은 시간을 할애하면 되는 것이다.

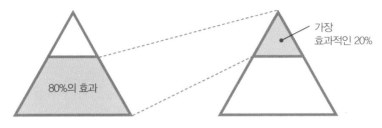

가장 효과적인 20을 파악해서 거기에 에너지를 집중한다!

∴ 열등한 80이 우수한 80으로 바뀔 수는 없을까?

'80대20 법칙'을 활용하는 데에 놓치지 말아야 할 가장 중요한 것은, 가장 효과적인 20%를 파악하고 거기에 에너지를 집중하는 것이다. 하지만, '80 대20 법칙'에 담긴 함의를 여기까지만 한정해서 생각한다면 그 묘미를 절 반만 이해한 것이 된다. 가장 효과적인 20%에 에너지를 쏟는 방법에 그치 지 말고 좀 더 생각의 범위를 넓힌다면, 나머지 80%에도 주의를 기울여보 라고 힘주어 말하고 싶다.

예를 들어 시험에서 80점을 얻는 과목보다도 지금껏 20점밖에 얻지 못 한 과목의 점수를 높이는 것이 더 쉬운 것처럼, 이미 80%의 수준을 발휘하 는 능력을 높이기보다는 20%밖에 발휘하지 못하는 능력을 향상시키는 것 이 훨씬 수월한 것이다.

좀 더 구체적인 예를 들어 설명해보자.

회사 내에 전체 종업원 100명이 있고, 그들 중에 영업 실적이 우수한 직 원 20명이 한 사람도 빠지지 않고 모두 80대(1인당 4대)의 기계를 판매한 다고 하자. 반면 나머지 80명의 직원은 모두 합해서 겨우 20대(1인당 평균

가장 효과적인 20%만을 바라보면, 80%는
여전히 쓸모없는 부분이 돼버린다.

0.25대)의 기계를 판매한다고 하자.

이런 상황에서 판매 실적이 뛰어난 20명의 능력을 더 향상시켜, 1인당 판매대수가 4대에서 5대가 되었다고 하자. 그렇더라도 이들 20명이 팔 수 있는 판매대수는 모두 100대가 되어, 결과적으로는 20대밖에 늘지 않게 된다.

하지만 판매 실적이 그동안 저조했던 80명의 능력을 향상시켜, 1인당 평균 0.25대에서 1대를 팔 수 있게 되었다고 하자. 그렇다면 이들이 팔 수 있는 판매대수는 모두 80대가 되고, 결과적으로 전보다 60대를 더 판매할 수 있게 되는 것이다.

전체 매출의 80%가 전체 고객의 20%에서 나온다고 해도, 나머지 80%의 고객에게 귀가 솔깃할 정도의 제안을 할 수만 있다면 분명히 커다란 매출 증가로 이어질 가능성이 높다.

전체 성과의 80%를 총 소요 시간의 20% 내에서 창출한다면, 나머지 80%의 시간에는 본인을 위한 공부나 취미생활에 집중해서 더욱 내실이 있는 생활을 도모할 수도 있는 것이다.

주위를 둘러보면 대부분의 사람들은 열등한 80보다는 우수한 20에만 가치를 부여하고 중요하게 생각한다. 하지만 열등한 80이 나아지지 않고서는 우수한 20이 30으로 늘어나는 일은 일어나기 힘들다. 무엇이든 좀 더 나아지기 위해서는 우수한 20이 아니라 열등한 80이 변해야 한다. 80은 가능성이자 잠재력을 암시하는 지수인 것이다. '80대20 법칙'이 주는 지혜가 바로 거기에 있는 것이 아닐까?

∴ 거대한 공룡을 지탱하는 힘은 긴 꼬리에서 비롯한다!

'80대20 법칙' 이야기를 좀 더 이어가보자. 인터넷쇼핑몰을 운영한다면 나머지 80%에 주목해서 커다란 효과를 얻을 수 있다. 인터넷쇼핑몰의 가장 큰 특징은 판매할 수 있는 상품의 수에 제한이 없다는 것이다. 판매 상품이 책이라면 표지 사진이나 간단한 내용 설명에 한정되겠지만, 출판사에서 제작하고 시중에서 유통되는 모든 서적을 인터넷사이트에 올려서 판매할 수 있다.

그런데 판매할 수 있는 상품의 수에 제한이 없는 인터넷쇼핑몰에서도 팔리는 상품에 저마다 차이가 있어서 전체 매출의 80%를 전체 상품의 20%가 만들어내고 있다. 많이 팔리고 있는 상품보다는 그다지 잘 팔리지 않는 상품이 압도적으로 많은 것이다.

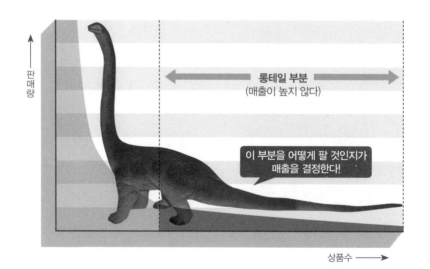

판매량

롱테일 부분
(매출이 높지 않다)

이 부분을 어떻게 팔 것인지가
매출을 결정한다!

상품수 ⟶

여기서 인터넷쇼핑몰에서의 상품 매출 추세를 보면, 그래프의 세로축에 판매량을 적고, 가로축에 상품 이름을 적어서 차례로 왼쪽으로부터 판매량이 많은 것에서부터 나란히 그래프를 그리면, 상상 속의 동물인 공룡의 긴 꼬리 같은 모양의 그래프로 나타난다. 이 때문에 왼쪽 아래 그림에서처럼 나타나는 특성을 '롱테일'(긴 꼬리)이라고 부르는 것이다.

그다지 잘 팔리지 않는 꼬리 부분의 상품을 어떻게 팔 것인지가 인터넷쇼핑몰의 매출을 좌우하는 것이다. 그래서 온라인서점인 아마존 같은 인터넷쇼핑몰에서는 쇼핑몰 사용자에게 '추천 기능'을 실시하는 것이다.

즉, 인터넷사이트 내의 구매 기능을, 상품을 구매하거나 검색하는 사용자의 컴퓨터 모니터에 "이 상품을 구입한 사람은 다음과 같은 상품도 구입하고 있습니다"라는 메시지와, 사용자 검색 결과와 유사한 상품들의 이미지가 나타나도록 프로그래밍 하는 것이다. 그 결과가, 전체의 80%에 해당하는 꼬리 부분의 최저 판매 수준을 향상시키려는 판매 전략으로 나타나는 것이다.

필자도 인터넷서점이 제공하는 도서추천 기능으로 표시된 서적을 무심코 구입할 때가 있다. 그런데 이런 기능을 접하지 못한다면 아예 추천 서적의 존재 자체는 모르게 돼서 해당 책을 사지 못하게 될 수도 있다. 바꿔 말하면, 추천 기능을 통해서, "어라, 이런 책이 출간됐어?"라고 책의 존재를 알고서 비로소 책을 구매하기도 한다. 추천 기능이란 아이디어로 열등한 80을 줄여 우수한 20을 늘려 나가는 것이다.

명작을 탄생시키는 10%

"그 어떤 것도 그것의 90%는 쓰레기이다." 미국 SF작가인 시어도어 스터전 (1918~1985)이 남긴 이 말은 다소 엉뚱하면서도 파격적이지만, 많은 사람들이 공감하면서 유명해졌다. 훗날에는 그의 이름을 따서 '스터전 법칙'으로 이름이 붙여져 『옥스퍼드 사전』에 등재되기도 했다. 이 법칙이 나타나게 된 배경에는 여러 일화가 전해진다. 어떤 문학평론가로부터 "공상과학소설(SF)의 90%는 쓰레기"라는 말을 들은 스터전이, "그 어떤 것도 그것의 90%는 쓰레기"라고 답했다는 것이 가장 유명하다. 이후 공상과학소설과

스터전은 평생 큰 인기를 얻은 작품을 남기진 못했다. 잠깐 대본 작업에 참여한 영화 〈스타트렉〉 시리즈는 그에게 있어서 가장 상업적이고 대중적인 집필 작업이었다.

스터전의 작품에 대한 문학평론가들의 비판이 수그러들지 않고 더 거세지자, 그는 "SF의 90%는 쓰레기다. 하지만 그 어떤 것도 그것의 90%가 쓰레기이기는 마찬가지"라고 반복해서 일갈했다고 한다.

훗날 '스터전 법칙'은 수많은 졸작이 있은 후에야 비로소 뛰어난 작품이 나온다는 의미로 회자되었다. 결국 이 말은 명작이 탄생하는 조건을 수치로 표현한 것이다.

스터전은 대중적으로 큰 인기를 얻은 작품을 남기진 못했다. 1953년에 발표한 『인간 이상』이라는 장편이 평론가들로부터 인정받으며 작가로서 이름을 알렸고, 한때 영화 〈스타트렉〉 시리즈의 대본을 쓰기도 했다.

부지런한 자와 게으른 자의 비율은 처음부터 정해져 있다

2대6대2 법칙

∴ 게으른 자들을 솎아내도 그들은 다시 생긴다

'80대20 법칙'을 좀 더 세분한 것이 '2대6대2 법칙'이다. 이 법칙은 '부지런한 개미의 법칙'으로 불리기도 한다. 개미의 무리를 관찰해보니, 그중에 20%는 부지런한 개미이고, 60%는 보통 개미, 나머지 20%는 게으른 개미라는 결과에서 이 법칙이 유래했다.

'2대6대2 법칙'에 따르면, 개미 무리처럼 회사에서도 20%의 우수한 사원과 60%의 평범한 사원, 20%의 게으른 사원이 있다는 것이다. 그런데 한가지 흥미로운 점은, 개미의 무리에서 게으른 20%를 솎아내면, 남은 개미무리에서 20%의 게으른 개미들이 새롭게 생긴다는 것이다.

마찬가지로 20%의 부지런한 개미를 제거해도 남은 개미 무리에서 20% 의 부지런한 개미들이 새롭게 나타난다는 것이다. 또한 부지런한 개미들만 을 따로 모아두면, 그중에서 20%의 게으른 개미들이 생성된다는 것이다.

요컨대, 어느 집단에서든 결과적으로는 2대6대2의 비율로 소집단이 만 들어진다는 것이다. 이 같은 현상은 회사와 같이 여러 사람들이 모인 조직 에서 비슷한 결과가 나타남을 확인할 수 있다.

만약 부지런하고 실적이 좋은 사람들이 없다면, 그때까지 두각을 나타 내지 않고 있던 사람들 중에서 능력을 발휘하는 사람이 나타날 수 있는 것이다. 또한 본인이 열심히 일하지 않고 있으면 위의 예에서처럼 누군가 는 열심히 노력을 하고 있는 것이다. 이와 반대로 게으른 자들이 없다면, 본인 정도는 일을 하지 않아도 되겠지, 라고 생각하는 사람이 나타날지도 모른다.

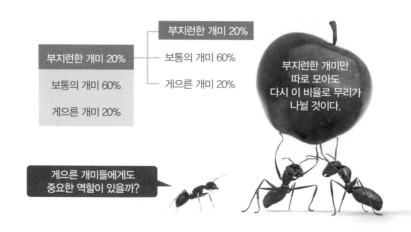

부지런한 개미 20%
보통의 개미 60%
게으른 개미 20%

부지런한 개미 20%
보통의 개미 60%
게으른 개미 20%

부지런한 개미만 따로 모아도 다시 이 비율로 무리가 나뉠 것이다.

게으른 개미들에게도 중요한 역할이 있을까?

∴ 조직에는 게으른 개미도 필요하다?!

개미의 경우라서, 게으른 개미들도 필요하기 때문에 이와 같은 소규모 무리 짓기 현상이 나타날지도 모른다는 가설도 있다. 보통의 개미는 무리를 지어 둥지인 개미집과 먹이 영역을 왕복하는 집단행동을 한다. 무리 중에는 집단을 벗어나는 행동을 하는 개미들이 있다. 바로 이들이 게으른 개미인 것이다.

그런데 이들 게으른 개미들은 무리의 집단 행렬에서 벗어나서는 새로운 먹이 영역을 발견하는 등, 결과적으로는 개미의 무리 전체에 이득이 되는 행동을 한다. 그래서 무리에서 벗어난 개미들도 반드시 필요하다는 것이다.

인간 세상에는 온통 부지런한 사람들만 있는 걸까? 당연히 그렇지 않다. 대부분 개미들의 세상과 크게 다르지 않다는 데 공감할 것이다. 가만히 생각해보면 필자부터도 내가 속한 조직에서 게으른 축에 속하지는 않나 하고 걱정을 했던 적도 있었다. 특히 '일'이라는 공통의 목적으로 모이는 기업과 같은 조직 안에서는 부지런한 직원과 게으른 직원으로 나뉘는 경우가 참 많다.

그런데 무조건 부지런한 직원만이 회사의 이윤 창출에 더 많이 기여하는 걸까? 부지런함이 반드시 효율성이나 창의성과 같은 덕목으로 이어지는 것은 아니다. 아이디어와 첨단 기술력이 지배하는 21세기의 기업 문화에서는 성실함과 근면함 못지않게 효율성과 창의성을 강조한다. 실제로 세계적인 인터넷 포털 업체인 구글과 같은 회사에서는 직원들의 충분한 여가와 휴식이 회사에 더 많은 이윤을 창출하는 발판이 된다고 믿는다. 얼마

개미는 모두 부지런할까?
그들 세계에도 게으른 무리는
반드시 존재한다.

나 부지런하게 많은 양의 일을 하는가가 아니라 얼마나 창의적인 일을 효율적으로 해나가는가에 좀 더 가치를 두고 있는 것이다. 부지런하고 성실한 개미보다는 다소 게으르지만 뭔가 새로운 먹잇감을 찾아낼 줄 아는 개미를 선호하는 것이다.

물론 창의적인데다 부지런하기까지 한 개미는 없을까 생각하는 고용주들도 분명 있을 것이다. 아니, 대부분 그렇지 않을까? 그들에게 '2대6대2 법칙'에 담긴 지혜를 알려주고 싶다.

싸우기 전에 미리
승패를 알 수 있다

란체스터 법칙

∴ **어느 항공기 엔지니어의 병법**

연합군의 전투기 7대와 독일군의 전투기 5대가 공중전을 벌일 경우 독일
군의 전투기가 모두 격추될 때까지 생존하는 연합군의 전투기는 7대에서
5대를 뺀 2대가 아니라 그 차이의 제곱인 4대가 된다는 계산법이 있다. 왜
그럴까?

영국 출신의 항공기 엔지니어인 프레더릭 란체스터(1868~1946)가 1차와
2차 세계대전 당시 연합군과 독일군 간의 공중전
결과를 분석해서, 두 군대가 전투를 할 경우 수적
으로 우위에 있는 쪽이 수적 격차의 제곱만큼 유리

하다는 사실을 분석하여 정리한 것이 이른바 '란체스터 법칙'이다. 란체스터는 당시 공중전을 치르는 전투기의 성능과 대수를 통해 전투 결과를 분석해 다음과 같은 2개의 법칙을 도출해냈다.

- **[제1법칙] 1 : 1 대결의 법칙** ➡ 전투력=무기 성능×병력 수
- **[제2법칙] 집중효과의 법칙** ➡ 전투력=무기 성능×병력 수 제곱

제1법칙은 칼이나 창 등을 사용한 '개인 대 개인'의, 1:1 전투와 같은 접근전을 상정한 것이다. 예를 들어 집단 간의 전투라고 해도 칼이나 창 등을 사용한 전투에서는 '개인 대 개인'의 접근전이 기본이 된다. 이 경우에는 그저 단순하게 병력 수가 많거나 아니면 보유하고 있는 무기의 성능이 우수할수록 전투에서 이길 가능성이 높다.

예를 들어, 칼이나 창만을 가지고 있는 병사들끼리 전투를 벌이고 있다면 병력 수가 많을수록 승기를 잡기가 쉬운 것이다. 아무리 적이 강하다고 해도 적군이 1명이라면 아군 2~3명이 적군을 제압하기가 어렵지 않듯이 말이다.

또한 적군이 칼이나 창밖에 가진 것이 없는 것에 반해, 아군이 활이나 소총을 가지고 있다면, 설령 아군의 숫자가 적군보다 적다고 해도 높은 전투력을 발휘해서 적군과 대등하거나 아니면 유리하게 전투를 이끌 수가 있는 것이다. 보유하고 있는 무기의 성능이

프레더릭 란체스터

[제1법칙] 1:1 대결의 법칙

● 병사 수가 많을수록 유리하다.　　　　● 무기 성능이 좋을수록 유리하다.

적군의 2배라면 병사 수가 적의 절반밖에 안 된다고 해도 적군들과 대등하게 전투를 벌일 수 있는 것이다.

제2법칙은 앞에서 연합군과 독일군의 공중전을 예로 들었듯이, 대규모 병력이 원격전을 벌이는 경우를 상정한 것이다. 총이나 대포로 서로의 진지를 포격하거나 현대전처럼 전투기나 미사일을 사용하는 전투가 여기에 해당한다. 이 경우에, 무기의 성능은 같고 병력 수가 적의 2배라고 하면 전투력은 4배(병력 수의 제곱)가 되고, 병력 수가 적의 3배라면 전투력은 9배가 된다. 2:1의 전투를 예로 들어 그 이유를 설명하면 다음과 같다.

2명이 1명을 상대로 집중적으로 공격할 수 있기 때문에, 전투력은 2가 된다. 그런데 그 1명은 2명을 상대해야만 하기 때문에, 상대편 1명에 대한 본인의 전투력은 절반밖에 안 된다. 요컨대, 2:1의 전투력은 $2 : \frac{1}{2} = 4 : 1$이 된다. 즉, 2명의 전투력이 4배 높은 것이다.

[제2법칙] 집중효과의 법칙 ※무기 성능이 같고 병력이 적보다 2배인 경우

● 적 1명에 대한 전투력=2

● 적 1명에 대한 전투력=$\frac{1}{2}$

그러므로 $2 : \frac{1}{2} = 4 : 1$

∴ 병법을 마케팅 전략에 활용한 사람들

제2차 세계대전 당시 미국정부는 '란체스터 법칙'을 군대 운용에 적용해서 그 효과를 톡톡히 보았다. '란체스터 법칙은', 전쟁 후에는 비즈니스 분야에 적용되기도 했는데, 특히 일본에서는 경영 분야에서 시장 전략으로 활용되기도 했다. 나아가 시장 전략에서 제1법칙은 '약자의 전략', 제2법칙은 '강자의 전략'으로 불리게 되었다.

예를 들어, 종업원 수가 많고 자금력이나 지명도가 있는 대기업이라면, 제2법칙인 '강자의 전략'이 적합하다. 이 법칙은 전 세계를 타깃으로 해서 펼치는 일종의 물량 전략으로 나타난다. 경쟁 업체 제품과 비슷한 제품을 대량으로 시장에 투입하고 반복적인 광고를 실시해서, 힘으로 시장을 장악하는 것이다.

[란체스터의 법칙을 응용한 시장 전략]

약자의 전략 (란체스터 제1법칙)	강자의 전략 (란체스터 제2법칙)
틈새시장이나 타깃을 좁힌 국지적인 게릴라전 (직접 판매 등의 접근전, 개별전)	전 세계나 일본 전역을 시장으로 하는 광역전 (다수의 적군을 상대하는 넓은 영역의 원격전)
차별화된 한 곳에 집중적으로 상품 투입	경쟁 상품과 유사한 제품을 대량 투입하는 물량 작전
제한된 광고, 입소문 마케팅	대대적인 광고

이에 반해, 종업원 수도 적고 자금력과 지명도도 보잘 것 없는 중소기업은 제1법칙인 '약자의 전략'이 안성맞춤이다. 왜냐하면 대기업을 상대로 하면 제대로 정면승부를 벌이더라도 승리를 하는 것이 불가능에 가깝기 때문이다. 따라서 판매 영역을 정하고 나서, 대기업이 아직 진출하지 않은 틈새시장이나 타깃을 좁힌 시장에 차별화된 상품을 집중적으로 투입하는 것이다. 요컨대, 이 전략은 전쟁터에서라면 게릴라전과 다르지 않다. 10명의 아군 병력으로는 적군 병력 100명과 정면충돌하면 적들을 이길 재간이 없다. 하지만 적군 100명 가운데 5명을 상대로 해서 아군 10명이 싸움을 벌이면 이길 확률이 올라간다.

∴ **약자와 강자의 경계선은 26.1%**
'란체스터 법칙'을 연구했던 미국의 수학자 버나드 O. 쿠프먼(1900~1981)이 제안한 방정식에 바탕을 두고 나온 시장점유율 모델이 바로 '쿠프먼 목표치'이다.

이 목표치에 따르면, 우선 26.1%가 시장점유율에서 하나의 기준 수치가
되는데, 이는 약자와 강자의 경계선에 해당한다. 시장에서 이 수치 이상을
점유하면 더욱 안정적인 위치를 차지할 수 있다는 것이다. 위의 내용을 정
리하면 다음과 같다.

'란체스터 법칙' 가운데 제2법칙은 주로 시장에서 독점적인 지위를 차지
하고 있는 공룡 기업들이 거침없이 치고 올라오는 후발 경쟁 업체를 짓누
르고 최강자로 계속 군림하기 위한 전략으로 활용되기도 한다.

[쿠프먼 목표치]

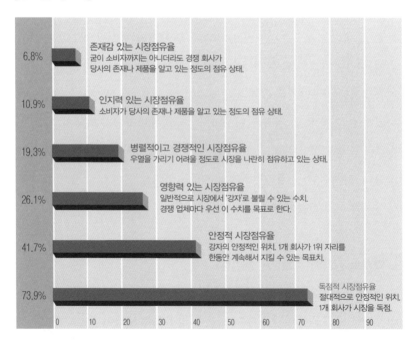

예를 들어, 면도기 업계에서 세계 1위를 이어가던 질레트는 한때 후발 면도기 업체들이 일회용 면도기를 만들어 시장을 공략하고 나서자 이에 대응해 사활을 걸고 일회용 면도기 시장에 뛰어들었다. 그 결과 수동 면도기 시장은 물론, 일회용 면도기 시장까지 장악하게 되었다.

란체스터는 피비린내 나는 전쟁터에서 승자독식이라는 정글의 질서를 숫자를 통해 깨달았을 것이다. 승자독식이 자본주의의 태생적 본성으로 작용하는 가까운 미래까지는 예견하지 못했더라도 말이다.

전쟁터에서건 시장에서건 항상 강자가 이기는 것은 아니다. 항상 강자가 이긴다면 싸움이나 경쟁은 처음부터 존재할 수 없게 된다.

RULE

04

3등과 격차를 벌이다보면
어느새 1등이 눈앞에

3대1 법칙

∴ **1등이 누리는 특권**

"역사는 1등만을 기억한다!" "역사는 2등을 기억하지 않는다." 이 말은 경쟁이 치열한 비즈니스 세계에서 시장의 논리로 회자되기도 한다. 즉, 시장에서는 어느 누구도 2등을 기억하지 않는다.

시장에서 1등을 나누는 기준은 단연 '점유율'이다. 커다란 파이를 앞에 두고 더 많은 조각을 먹기 위해 저마다 사활을 건다. 아무리 배불러도 일단 남보다 많은 양의 파이를 먹고 볼 일이다. 그래야만 시장에서 기억될 수 있기 때문이다. 하지만 누구든 1등을 고수하려는 것이 기억에 남고 싶은 단순한 이유 때문만은 아닐 것이다. 그렇다. 1등에게는 자신이 속한 시장에서

시장에서 1등을 나누는 기준은 단연 점유율(market share)이다. 커다란 파이를 앞에 두고 더 많은 조각을 먹기 위해 저마다 사활을 건다.

'가격'을 결정할 수 있는 엄청난 권한이 주어진다. 시장 논리로 따지면 가격은 자유로운 경쟁을 통해 합리적으로 정해져야 하지만, 1등은 공정한 경쟁을 통한 합리적인 가격을 좋아하지 않는다. 1등을 하기 위해 쏟아 부었던 비용이 합리적인 가격만으로 상쇄될 수 없기 때문이다.

따라서 가격을 마음대로 할 수 있기 위해서는 2등이나 3등과의 격차가 아슬아슬한 그런 1등으로는 곤란하다. 월등한 1등이어야 한다. 시장은 이를 두고 '독점'(monopoly)이라고 비아냥대기도 한다.

자, 그러면 누구도 넘볼 수 없는 1등으로서의 지위를 영원히 누리기 위해서는 얼마만큼의 파이를 먹어치워야 하는 걸까? 바로 앞에서 살펴본 '란체스터 법칙'을 응용한 쿠프먼 목표치는 영원한 1등으로서의 자격에 어울리는 수치를 산정한 값이다(38쪽 참조).

예를 들어, A회사가 70%, B회사가 30%로 시장을 점유하고 있다면, 두 회사의 시장점유율을 더한 값은 100%가 된다. 즉, 이 두 회사가 시장 전체를 차지하고 있는 것이다. 이 경우는 두 회사의 1대1 싸움이라서, 란체스터의 제1법칙을 고려할 수 있다.

['3대1 법칙'에 따른 A, B, C의 관계]

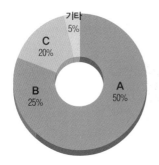

A : B와 2배의 차이. B에 역전될 가능성이 낮다.
B : C와 1.25배의 차이. C에 역전될 가능성이 있다.
C : B를 역전시킬 가능성이 있다.

여기서 A회사가 시장점유율을 확대해서 73.9%(독점적 시장 점유) 이상이 되면, B회사는 시장에 영향을 미칠 수 있는 하한선 목표치인 26.1%(시장 영향 점유)를 밑돌게 된다. 따라서 B회사로서는 A회사를 따라잡기가 매우 어려운 상황에 처하게 되는 것이다.

$$73.9 : 26.1 = 3 : 1$$

즉, 두 회사 간의 시장점유율의 차이가 3배 이상이 되면 전세 역전이 현실적으로 불가능하게 되는데, 이를 두고 '3대1 법칙' 또는 '사정거리 이론'이라 부르기도 한다.

∴ **세상의 모든 2등을 위한 전략**

둘 이상의 기업이 시장을 놓고 경쟁을 벌일 때에는 란체스터의 제2법칙을 고려할 수 있다. 제2법칙에서 병력 수의 제곱을 곱하듯이, 제곱을 해서 나온 시장점유율 값이 3배 이상, 즉 $\sqrt{3}=1.73$ 이상으로 차이가 벌어지면 전세 역전은 힘들게 된다.

예를 들어, 3개 회사의 시장점유율이 각각, A회사가 50%, B회사가 25%, C회사가 20%라고 하자. 이럴 때 A의 시장점유율은 B의 2배가 되고, B는 A를 따라잡기가 매우 어렵다. 한편, B의 시장점유율은 C의 1.25배가 되고, C는 B를 충분히 따라잡을 수 있다. 따라서 B는 A를 제치고 1등 자리에 오르는 것을 목표로 삼을 것이 아니라, 그보다 먼저 뒤따라오는 C에 역전당하지 않기 위한 전략을 수립해야 한다.

2등은 항상 1등만을 생각하지만 그런다고 1등이 되는 건 아니다. 중요한 것은 지금 2등자리를 정확히 인지하는 것이다. 3등에 월등히 앞서고 있고 1등과의 격차가 크지 않은 2등이라면 머지않아 1등이 될 가능성이 높다. 만일 그렇지 않다면 추격해야 할 1등보다는 추격당할 3등을 더 걱정해야만 한다. 3등과의 격차를 열심히 벌여 나가다 보면 어느새 1등 턱밑까지 따라붙었거나 혹은 이미 1등이 되어 있을 수도 있다. 앞만 바라볼 게 아니라 뒤도 주의 깊게 돌아봐야 하는 자리, 그게 바로 2등이다.

3등과의 격차를 열심히 벌여 나가다 보면 어
느새 1등 턱밑까지 따라붙었거나 혹은 이미
1등이 되어 있을 수도 있다. 앞만 바라볼 게
아니라 뒤도 주의 깊게 돌아봐야 하는 자리,
그게 바로 2등이다.

새 고객을 찾을 것인가,
기존 고객을 맞을 것인가?

1대5 법칙

∴ 매출을 늘릴 것인가, 비용을 줄일 것인가

신규 고객에게 판매하는 데 들어가는 마케팅 비용은, 기존 고객에게 판매하는 데 들어가는 것보다 5배가 더 소요된다는 마케팅에서의 경험칙이, '1대5 법칙'이다. 즉, 신규 고객을 창출하려면 광고 등에 쓰이는 비용 때문에 기존 고객을 유지하는 데 들어가는 비용보다 5배가 더 많이 필요하다는 뜻이다.

예를 들어, 1만 엔의 비용을 들여 기존 고객으로 하여금 상품을 구매할 수 있게 했다면, 신규 고객에게는 5만 엔의 비용을 들여야만 그들로 하여금 상품을 구매할 수 있게 만든다는 것이다. 결국 기존 고객이 이탈하지 않도록 미리미리 방지하는 것이 무엇보다 중요하다는 것이다.

그런데 한편으로는, 신규 고객이 늘지 않으면 더 이상의 판매 신장을 바랄 수가 없다. 그러므로 경우에 따라서는 설령 5배의 비용을 써서라도 신규 고객을 확보해야 하는 것이다. 게다가 일단 고객으로 확보하면 앞으로도 계속해서 고객으로 유지할 수도 있기 때문에, 신규 고객은 기존 고객을 창출하는 시발점이 된다.

∴ 잡은 물고기에도 먹이를 줘야 한다!

앞에서 소개한 '80대20 법칙'은 '1대5 법칙'과도 맞닿아 있다. '80대20 법칙'에 따르면, 전체 매출의 80%는 전체 고객의 20%에서 나온다고 한다. 기업 입장에서는 20%의 고객이야말로 VIP에 V를 하나 더해 VVIP가 되는 것이다. 은행이나 증권사와 같은 금융회사에는 거액의 돈을 예치하거나 투자하는 VVIP를 관리하기 위해 별도로 담당 직원을 두기도 한다. 백화점과 같은 거대 소매 업체에서는 VVIP가 자주 방문하는 값비싼 명품 매장 관리에 중점을 둔다.

신규 고객에게 판매하는 데 들어가는 비용은, 기존 고객에게 판매하는 데 들어가는 비용보다 5배가 더 소요된다.

이러한 VVIP는 대체로 기존 고객인 경우가 많다. 결국 기업의 주요 수익원이 되는 핵심 고객은 기존 고객을 어떻게 관리하느냐에 달렸다고 해도 과언이 아니다.

기존 고객의 중요성을 보여주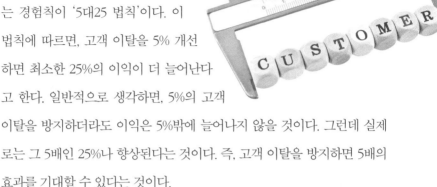
는 경험칙이 '5대25 법칙'이다. 이
법칙에 따르면, 고객 이탈을 5% 개선
하면 최소한 25%의 이익이 더 늘어난다
고 한다. 일반적으로 생각하면, 5%의 고객
이탈을 방지하더라도 이익은 5%밖에 늘어나지 않을 것이다. 그런데 실제
로는 그 5배인 25%나 향상된다는 것이다. 즉, 고객 이탈을 방지하면 5배의
효과를 기대할 수 있다는 것이다.

기존 고객은 그 자체가 꾸준히 매출을 올려주는 수익원이 되는 동시에
신규 고객을 끌어들이는 홍보원 역할을 한다. 예를 들어 당신이 수년 간
꾸준히 이용해온 음식점에서 거래처 식사 접대를 해야 하는 경우가 종종
있다. 식당 입장에서 당신은 기존 고객이고 식사 접대를 받는 사람은 신
규 고객이 된다. 그 신규 고객이 식당의 음식과 서비스가 마음에 들었다
면 식당으로서는 또 한 명의 단골(기존 고객)을 얻게 되는 것이다. 따지고
보면 '입소문 마케팅' 같은 것도 기존 고객을 통해 이뤄지는 경우가 참 많
다. 기존 고객의 이탈 5%을 막으면 왜 25%의 이익이 늘어나는지 방증하는
대목이다.

결국 기존 고객 유지에 드는 비용의 5배를 들여서 아무리 많은 신규 고
객을 확보하더라도, 기존 고객이 이탈해버리면 이익은 늘지 않게 된다. 실
적 악화를 반복하는 기업을 살펴보면, 대체로 기존 고객은 등한시하고 신

월척을 낚는 것 못지않게 중요한 것은 무엇일까?

규 고객에만 많은 비용을 쓴다. 단기적인 매출 목표를 달성하기 위해서
는 신규 고객 확보에 집중하면 어느 정도 효과는 볼 수 있지만 장기적으로
오래가지는 못한다.

옛말에 "잡은 물고기에는 먹이를 주지 않는다"는 말이 있다. 언뜻 맞는
말 같지만, 가만히 생각해 보면 그렇지 않다. 물고기는 잡는 것 못지않게
관리도 중요하다. 잡은 물고기가 죽지 않고 신선도를 유지해야 제값을 받
고 파는 데 유리하기 때문이다.

06

몇 번을 봐야
사고 싶어질까?

자욘스 법칙과 세븐히트 이론

∴ 접하는 횟수와 호감도는 비례한다

이런 경우를 생각해보자. 낯선 사람을 소개받는 자리가 있다고 하자. 첫 만남에서는 어색했지만 만나는 횟수가 거듭될수록 서로에게 점점 호감을 느끼게 되었던 적이 한 번쯤은 있었을 것이다.

　인간에게는 접촉 횟수가 많아질수록 그 대상에 대한 친근감이 커지는 습성이 있다. 1968년경 미국의 심리학자 로버트 자욘스(1923~2008)는 이러한 현상을 연구하면서 거기에서 어떤 규칙을 찾아냈다. 자욘스는 한자를 모르는 미국 대학생들에게 지속적으로 한자를 보여주고 어떤 의미인지 추론하게 하는 실험을 진행했다. 학생들은 자주 본 한자의 뜻을 이해하는 데

자욘스 법칙과 세븐히트 이론　**049**

로버트 자욘스

훨씬 적극성을 띠었다. 자욘스는 이 실험을 통해 인간은 합리적으로 사고하기보다는 직관과 친숙함에 의존해 의사결정을 내린다는 결론을 도출했다. 그의 이름을 딴 '자욘스 법칙'이 등장하게 된 배경이다.

'자욘스 법칙'을 가장 잘 활용하는 곳은 광고업계다. 한 브랜드를 반복적으로 보여주면 그 상품에 대한 선호도가 높아진다는 점을 들어 광고를 집행하는 것이다. 소비자의 머릿속에 흔적을 남기기 위해 자극적으로 광고를 만들기도 한다. 한번 소비자에게 친숙해지면 그 상품에 대한 선호도가 높아지고 이는 곧 매출로 연결되기 때문이다.

∴ '대박을 내는 행운'에 관한 이론?

라디오, TV, 인터넷 등 다양한 매체를 통해 등장하는 광고를 별다른 생각 없이 자꾸 보다보면 사람들은 저도 모르는 사이에 그 상품 또는 사람에게 친근함을 느끼게 된다. 실제로 한 번도 만난 적이 없는데 영화나 TV에서 본 연예인에게 호감을 느끼게 되는 것도 바로 이 때문이다.

'자욘스 법칙'은 방문판매 등 이른바 맨투맨 세일즈에서도 적극 활용된다. 예를 들어, 보험이나 자동차 판매원이 수시로 고객의 집이나 회사를 찾는 이유는 예비 고객과 더욱 친밀한 관계를 맺기 위함이다.

하지만 고객과 무작정 자주 접촉하면 오히려 호감을 잃을 수도 있다.

4~5년에 한 번 살까말까 하는 자동차의 구입을 독려하려고 자주 고객을 찾는 행위는 '자욘스 법칙'을 잘못 이해한 것이다. 이런 경우 자동차 세일 즈맨은 판매보다는 정비 관련 정보를 이메일이나 카탈로그 등을 통해 고객에게 서비스하면서, 고객이 차를 구입할 시기까지 인내심을 갖고 기다려야 한다. 그 고객이 5년 주기로 자동차를 바꾼다면 그런 방식으로 5년을 투자해야 하는 것이다.

여기서 간과하지 말아야 할 것은, 첫 번째 만남에서 좋지 않은 인상을 받았다면 접촉하는 횟수가 많아질수록 처음의 비호감이 더욱 강해진다는 점이다. 광고모델로 나오는 연예인의 스캔들이 해당 상품에 좋지 않은 영향을 미치는 이유도 바로 이 때문이다.

'자욘스 법칙'과 비슷한 것으로 '세븐히트 이론'이 있다. TV나 인터넷사이트에서 해당 상품에 관한 광고를 3회 보면 그 상품의 존재를 인지하고, 7회 보면 그 상품을 구입할 가능성이 높아진다는 것이다. 물론, 이 수치는

TV 광고를 3회 보면 해당 상품의 존재를 인지하게 되고, 7회 보면 그 상품을 구입하게 된다는 이론이 광고 산업을 먹여 살려왔다.

광고판을 반복적으로 보여줄수록 소비자의 선호도는 올라간다. 소비자의 머릿속에 남기 위해 광고판이 쉼 없이 격전 중인 뉴욕 타임 스퀘어 거리.

과학적으로 규명된 것은 아니다. 마케팅에서 나타나는 경험칙을 통해 얻어진 값이다.

'세븐히트 이론'은 광고영업자들이 광고주들을 설득하기 위한 마케팅 수단으로 활용되곤 한다. '7'은 행운의 숫자이고 '히트'는 대박을 뜻한다. '대박의 행운'을 이론으로 정립했다고 하니 광고주들의 귀가 얇아질 만도 하지 않을까?

RULE
07

신상품을
히트시키는 조건

보급률 16% 이론

∴ "어떻게 만들 것인가" vs. "어떻게 보급할 것인가"

"21세기는 혁신의 노예가 됐다!"

스마트폰과 컴퓨터는 말할 것도 없고, TV, 냉장고, 세탁기 할 것 없이 신상품을 내놓으면서 '기술 혁신'이란 꼬리표를 달지 않은 것들이 없다. 심지어 혁신은 디지털 신상품에만 국한하지 않는다. 정치도, 경제도, 교육도, 예술도 혁신하지 않으면 도태된다는 강박관념에 사로잡혀 있다. 이제 혁신은 하나의 이데올로기가 된 듯하다.

1962년 미국 스탠포드대학교 출신 사회학자 에버리트 M. 로저스(1931~2004)는 어떻게 혁신(innovation)이 확산되어 나가는지를 사회문화적인 관점에서 연구했다. 즉, 혁신이 언제 발생하고 어떤 과정을 통해 시간의 흐름에 따라 사회체계 속으로 스며드는지를 분석했다. 혁신이란 개인이나 채택 단위들이 새롭다고 인식하는 아이디어나 사물을 의미하는데, 여기에서 기술적 우월성만으로 혁신이 확산되지는 않는다고 한다. 객관적으로 새롭다는 것보다 수용 주체(이를테면 신상품 소비자)가 새롭게 인식하는 자체가 더 중요하다. 아울러 혁신의 특성에 따라 그 기술이나 제품이 수용 주체에게 채택되는 속도가 달라지기도 한다.

로저스는 혁신 기술이 채택되는 시간에 따라 소비자를 5개 군으로 나눴다. 전체의 2.5%는 혁신가(innovator), 13.5%는 초기 소비자(얼리 어답터 early adopter)가 된다. 전기 일반 소비자(얼리 머조리티 early majority)와 후기 일반 소비자(레이트 머조리티 late majority)가 각각 34%, 나머지 16%는 최후 소비자(래가드 laggard)가 된다. 바로 이 16%는 기존에 써오던 물건을 더 이상 사용하는 것이 곤란해질 때까지 신상품 구입을 완강하게 미루기 때문에 혁신 제품의 '최후의 승부처'라고도 불린다.

로저스의 주장에서 특히 중요한 것은, 이노베이터(2.5%)와 얼리 어답터(13.5%)를 합한 수치인 16%를 소비자군에게 상품을 집중적으로 노출하는 것이 시장 확대에 결정적인 역할을 한다는 점이다. 보급률 16% 달성이 신상품을 성공적으로 론칭하는 일종의 분기점이 된다는 것이다. 이 때문에 로저스의 '혁신확산론'을 가리켜 '보급률 16% 이론'이라고도 하는 것이다.

[5개의 소비자군]

이노베이터 (혁신가) 시장 전체의 2.5%	새로운 상품이나 서비스를 본인 스스로 알아서 구입하거나 이용. 새로운 것을 매우 좋아하는 사람들로, 상품의 편리성은 그다지 중요하게 여기지 않음.
얼리 어답터 (초기 소비자) 시장 전체의 13.5%	유행에 민감하고 정보수집력도 있으며, 구매 상황을 스스로 판단함. 상품의 편리성을 중시하며, 다른 소비자에게 막대한 영향력 행사. 신상품 보급에 열쇠 같은 존재.
얼리 머조리티 (전기 일반 소비자) 시장 전체의 34%	신중하지만 새로운 것에 관심 많음. 얼리 어답터로부터 영향 많이 받음. 신상품 보급에 매개자 같은 존재.
레이트 머조리티 (후기 일반 소비자) 시장 전체의 34%	신상품에 그다지 관심 없음. 해당 상품을 구매하는 사람들이 많아야만 그저서야 물건을 구입함. 흔히 '추종자'(팔로어)로 불림.
래가드 (최후 소비자) 시장 전체의 16%	새로운 것에 보수적이며 유행에도 관심 없음. 어지간해서는 신상품을 사지 않음. 아무리 상황이 변해도 끝까지 구매하지 않는 사람도 있음.

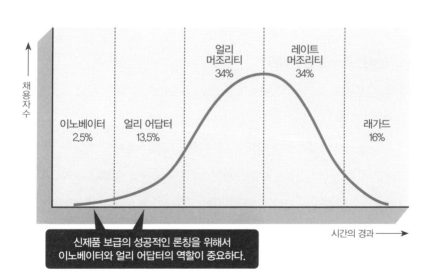

신제품 보급의 성공적인 론칭을 위해서
이노베이터와 얼리 어답터의 역할이 중요하다.

VS

에버리트 M. 로저스   제프리 무어

에버리트 M. 로저스 말대로 신상품이 보급률 16%만 달성하면 곧바로 히트할까?
제프리 무어는 '캐즘'이란 말을 빗대어 반드시 그렇지만은 않다고 반박한다.
두 사람의 주장은 모두 수치화된 데이터에 근거를 둔다.
어떤 데이터가 더 현실에 부합하는지는 상황에 따라 늘 상대적이다.

∴ 진정한 혁신의 완성이란?

한편, 신상품이 보급률 16%만 달성하면 곧바로 히트할까? 미국 실리콘밸
리 출신 컨설턴트 제프리 무어는 1991년에 '캐즘'(chasm, 도랑)이란 말을
빗대어 반드시 그렇지만은 않다고 반박했다. 지질학 용어인 캐즘은 건너기
어려운 지층 사이의 깊은 골을 뜻한다. 제품이 아무리 훌륭해도 일반인(얼
리 머조리티)이 사용하기까지 넘어야 하는 침체기(깊은 도랑)가 존재한다는
것이다. 제품 출시 초기에는 혁신성을 중시하는 소수 소비자(얼리 어답터)
가 어느 정도 시장을 주도한다. 하지만 이후에는 실용성을 중시하는 일반

캐즘의 존재가 부정할 수 없는 현실이라면 그것을 뛰어넘을 수 있어야 진정한 혁신이 완성되는 게 아닐까?

소비자(얼리 머조리티)가 중심이 되는 주류시장으로 옮아가야 하는데, 현실은 그렇지 못한 경우가 많다는 것이다. 이때 얼리 어답터와 얼리 머조리티 사이에서 매출이 급감하거나 정체현상을 보이기도 한다. 오히려 보급률 16%를 달성한 뒤부터 마치 높은 장벽이라도 만난 것처럼 판매가 지지부진해지기도 한다는 것이다. 결국 캐즘이라는 골을 뛰어넘을 수 있어야 진정한 혁신이 완성되는 것이다.

RULE
08

눈에 보이지 않는 리스크에
어떻게 대처할 것인가

1대29대300 법칙

∴ 300번의 주의와 29번의 경고 그리고······

1931년 미국 보험 업계에 꽤 의미 있는 책 한권이 출
간되었다. 『산업재해 예방을 위한 과학적 접근』이라는
딱딱한 제목의 도서인데, 책 속의 내용을 찬찬히 살펴보
면 매우 흥미로운 통계치가 기록되어 있다.

내용인즉슨, 산업재해가 발생하여 중상자가 1명 나오
면 그 전에 같은 원인으로 발생한 경상자가 29명, 같은
원인으로 부상을 당할 뻔한 잠재적 부상자가 300명 있
다는 통계 모형이다. 이를 쉽게 풀어 설명하면, 대형 사

고가 발생하기 전에 그와 관련된 수많은 경미한 사고와 징후들이 반드시 존재한다는 것이다. 훗날 사람들은 이 경험칙을 일컬어 '1대29대300 법칙' 으로 불렀다. 큰 재해와 작은 재해 그리고 사소한 사고의 발생 비율이 '1대 29대300'이라는 것이다.

'1대29대300 법칙'이 담긴 책을 쓴 허버트 윌리엄 하인리히는 보험회사 의 평범한 직원이었다. 회사에서 손해 발생 원인을 분석하는 업무를 해오 던 그는, 수많은 사고 유형에서 일정한 규칙을 발견해 데이터에 적용해왔 던 것이다.

'1대29대300 법칙', 즉 '하인리히 법칙'에는 흥미로운 통계 모형 말고도 대단히 중요한 메시지가 담겨 있다. 대형 사고는 어느 순간 갑작스럽게 발 생하는 것이 아니라 오래전부터 작은 사고들이 반복적으로 일어나면서 참 사로 이어진다는 것이다. 즉, 참사가 일어나기 전 일정 기간 동안 여러 번 의 경고성 징후와 전조들이 나타난다는 사실을 통계적으로 입증한 것이다.

[1대29대300 법칙의 피라미드 모형]

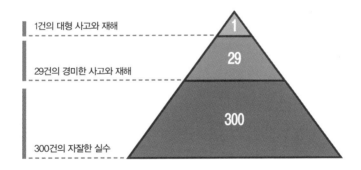

1건의 대형 사고와 재해 · · · 1

29건의 경미한 사고와 재해 · · · 29

300건의 자잘한 실수 · · · 300

'하인리히 법칙'을 되짚어 보면, 결국 천재(天災)는 처음부터 존재한 것이 아닌지 모른다. 인재(人災)만이 있을 뿐이다.

∴ 아무리 강조해도 지나치지 않는 경고음

'하인리히 법칙'은 당시 기업들이 노동 현장에서 안전관리에 좀 더 신경을 쓰도록 하는 계기를 마련해 주었다. 그렇지 않아도 산업화로 인해 대량 생산 체제가 자리를 잡아가던 20세기 초반에는 기업마다 수없이 발생하는 산업재해로 몸살을 앓고 있었다.

'하인리히 법칙'은 다양한 손해보험 상품을 개발하는 데도 일조했다. 기업마다 손해보험 가입에 적극적이었고, 이로 인해 보험 산업의 규모도 한층 커질 수 있었다.

최근 들어 '하인리히 법칙'은 하자 있는 상품에 대한 소비자들의 클레임을 조기에 수습하는 장치로도 활용되곤 한다. 예를 들어 어떤 자동차의 사소한 결함에 따른 일부 소비자들의 불만을 방치하게 되면, 그것이 눈덩이처럼 커져 대량 리콜 사태나 집단소송으로 이어질 수도 있기 때문이다.

거래처의 신용도를 체크하는 데도 '하인리히 법칙' 이 등장한다. 파산을 앞둔 기업은 1년 전부터 서서히 경영 악화의 징후를 보이곤 한다. 협력 업체에 결제를 계속해서 연기한다거나 직원들의 임금 또는 은행으로부터의 대출이자의 연체가

참사는 어느 순간 갑자기 발생하는 게 아니라 오래 전부터 작은 사고들이 반복적으로 일어나면서 폭발한다. 참사가 일어나기 전 일정 기간 동안 여러 번의 경고성 징후와 전조들이 통계적으로 입증되곤 하지만, 사람들은 그것을 방치한다. 이미지는 영화 〈타워링〉의 포스터.

빈번해진다면, 바로 그 해당 업체의 경영 상황을 유심히 관찰해 볼 필요가 있다. 이때 그 회사의 주식이라도 가지고 있는 투자자라면 '하인리히 법칙'의 경고가 더욱 오싹하게 느껴질 것이다.

아울러 기업 내에서 직원들의 작은 불평불만까지도 사전에 감지해 대규모 파업으로까지 이어지는 사태를 막는 데도 '하인리히 법칙'은 참 유용하다.

80여 년 전 보험회사의 평범한 직원이 규칙적인 통계 데이터를 발견해 남긴 메시지는 앞으로도 계속 기억될 것이다.

'하인리히 법칙'은 1이 300이 될 때까지 무심하게 두고 보는 게 아니라 바로 그 사소한 1에서부터 세심한 주의를 기울이라고 사사건건 경고음을 낸다.

09

명품 와인을 찾아내는
낭만적인 공식

아센펠터 공식

∴ 맛을 보지 않고 수식으로 와인의 품질을 평가한다?!

지금까지 와인의 품질은 일부 한정된 전문가들이 맛을 본 후에라야 결정할 수가 있었다. 결국 와인 전문가들의 경험과 직감에만 의존했다고 할 수 있다. 원래 와인의 품질은 그 원재료가 되는 포도의 품질에 따라 크게 좌우된다. 포도의 품질은 재배 기간 동안의 날씨에 커다란 영향을 받는다.

미국 캘리포니아대학교 경제학과 교수 올리 아센펠터는, 포도가 자라는 기간 동안의 날씨와 그 포도로 양조된 와인의 품질 간의 상관관계를 분석할 수만 있다면 와인의 맛을 수치로 매길 수 있다고 생각했다. 그 결과, 다음과 같이 와인의 품질을 가늠할 수 있는 공식을 만들어 냈다.

와인의 품질
=
12,145+(0.00117 × 전년도 겨울의 강수량)
+
(0.0614 × 재배기의 평균 기후)
−
(0.00386 × 수확기의 강수량)

아센펠터는 이 방정식에 기후 정보를 입력하기만 하면 어떤 연도에 출시된 빈티지 와인이라고 하더라도 그 품질을 알아낼 수 있다고 주장했다. 그의 도전은 여기에 그치지 않았다. 아센펠터는 와인의 품질뿐 아니라 가격까지도 간단하게 구할 수 있는 수식을 만들어냈다. 실제로 몇몇 명품 와인에 공식을 적용한 결과, 시장 출시 이전 저장 단계에서 예측한 가격이 뒷날 시장 출시 과정에 정확하게 맞아 떨어졌다.

∴ 와인에 담긴 숫자의 법칙

프랑스를 제치고 신흥 와인 명소로 부상한 미국 샌프란시스코의 나파밸리는 명품 와인을 찾아내는 아센펠터의 중요한 실험장소이기도 하다. 나파밸리는 인디언 말로 풍부하다는 뜻을 지닌 '나파'라는 지명에 어울리게 좋은 토양과 일조량이 풍부한 곳이다. 도로 주변 간이식당에서도 어렵지 않게 와인을 구할 수 있을 만큼 1년 내내 와인을 찾는 관광객들의 발길이 끊이질 않는다. 이곳

올리 아센펠터

의 와인은 생산량으로 치면 샌프란시스코 지역 제품 중 2%에 불과하다. 하지만 품질 평가에서는 프랑스 와인을 넘어서며 세계 최고의 와인으로 식지 않는 인기를 누리고 있다.

애호가들이 늘어나는 만큼 명품 와인을 둘러싼 가격 거품도 커지고 있다. 감별사들의 품평을 거쳐야 와인 가격이 결정되기 때문에 그만큼 거품이 형성된다는 것이다. 이런 불합리한 관행에 제동을 걸고 나선 사람이 바로 아센펠터다. 대학에서 경제학을 가르치는 교수가 와인의 가치를 감별해내는 공식을 만들어낸 것이다.

아센펠터는 평소 와인을 즐겨 마시게 되면서 자연스럽게 와인 가격에 관심을 가지게 됐다. 좋은 와인을 저렴한 가격에 구입할 방법을 찾던 그에게 전문가들이 매기는 가격은 터무니없이 비쌌다. 결국 와인 가격을 합리적으로 정하는 방법을 찾아 나서면서 아예 자신의 전공을 와인에 접목시키게 된 것이다.

와인 전문가들이 선택하는 와인은 일반 소비자들이 선호하는 와인과 일치하지 않는 경우가 많다. 전문가들이 인정하는 와인이 반드시 소비자의 마음을 사로잡는 것은 아니라는 뜻이다. 오히려 아센펠터의 공식에서 도출한 고급 와인을 일반 소비자가 선호하는 경우가 더 많다는 사실은 시사하는 바가 크다.

숫자는 과학을 입증하는 중요한 도구다. 심지어 와인의 맛까지도 공식을 만들어 판별해낸다.

RULE
10

왜 당신의 사죄가
상대방을 분노하게 만드는가?

메라비언 법칙

∴ 말의 껍질

'미안합니다'라고 사과를 했는데, 상대방으로부터 '별말씀을요, 괜찮습니다'라는 말 대신 퉁명스럽고 뾰로통한 반응이 돌아올 때는 적이 난처하다. 사과를 건넨 사람은 '도대체 뭐가 잘못된 거지?'라며 혼란에 빠지고 만다. 그런데 이런 상황이 발생했을 때 사과를 한 자신의 말투나 표정 등 태도에 대해서 곰곰이 생각해보는 사람

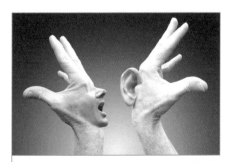

사람들은 어떤 말을 할 때 듣는 상대방보다는 말을 하는 자신의 입장을 먼저 생각한다.

은 참 드물다.

어떤 말을 할 때 사람들은 듣는 상대방보다는 말을 하는 자신의 입장을 먼저 생각한다. 그 말투가 상대방에게 어떻게 받아들여질지는 그다음 문제다. 하지만 말의 내용보다도 말하는 방법과 태도 등이 오히려 더 중요할 때가 있다. 말의 본질보다는 말투와 표정 때문에 본의 아니게 오해를 키우는 예가 적지 않기 때문이다.

미국의 심리학자 앨버트 메라비언은 1971년 『침묵의 신호』(Silent Message)라는 책에서, 상대방에게 의사표현을 할 때 중요도를 분석해 수치로 발표했다. 이때 표정과 자세를 포함한 태도가 차지하는 중요도가 무려 55%나 차지하고 목소리도 38%에 이른다는 연구 결과를 도출했다. 그런데

[메라비언 법칙]

언어정보
단어 자체의 내용
과 의미

감각정보
상대방의 말투나 목소리의
크기 등을 들었을 때의 인상

시각정보
상대방의 태도나
표정 등 외형적인 인상

7%

38%

55%

정작 말의 내용은 7%에 그친다. 즉, 소통에 있어서 말의 내용보다는 그것과 직접적으로 관계가 없는 요인들(표정이나 말투 등)이 무려 93%나 차지한다는 것이다.

이 연구 결과가 처음 발표되자 당시 학계는 물론 사회 전반에까지 파장이 일었다. 말의 내용보다 그 표현방식이 중요하다는 메라비언의 주장이 기존의 통념을 무너뜨리는 것이었기 때문이다.

∴ 7과 38과 55라는 수치에 담긴 교훈

메라비언의 연구 결과는 시간이 흐를수록 서서히 사람들부터 공감을 얻기 시작했다. 앞에서 예로 든 '사과가 받아들여지지 않는 상황' 처럼 사람들은 저마다 소통의 어려움으로 크고 작은 곤란을 겪고 있었던 것이다.

메라비언이 밝힌 7%, 38%, 55%라는 수치가 모든 경우와 반드시 일치하는 것은 아니다. 다만 대화 내용과 방식이 서로 일치하지 않을 때, 상대방은 대화 내용 그 자체보다는 말하는 사람의 태도나 표정 등의 외형적인 것에서 강한 인상을 받는다(55%). 그리고 그다음으로 대화를 할 때의 말투와 목소리의 크기에 영향을 받는다(38%).

재미있는 예를 들어보자. 좋아하는 여성이 남성의 귓가에 대고 작은 목소리로 속삭인다.

"자기, 바보~!"

이 말을 듣고 화를 낼 남성이 있겠는가.

내용은 긍정적일지라도 그것을 전하는 태도가 마음에 들지 않으면 부정적인 내용으로 듣게 될 때가 있는 것처럼, 내용은 부정적일지라도 그 태도가 마음에 쏙 들면 긍정적인 내용이나 말투로 이해하게 되는 것이다.

말의 기술을 자유자재로 다루는 사람들은, 오히려 말로는 꾸지람을 늘어놓으면서도 태도나 말투로는 상대방을 격려할 수도 있다. 말로는 엄하게 꾸지람을 하더라도 마음속으로는 당신을 믿고 기대하고 있다는 태도를 보여주는 것이다.

이렇듯, 서로에게 오가는 말의 내용과 그것을 전하는 방식 사이에 어떤 차이가 있으면, 말의 내용보다는 오히려 태도나 말투에서 더 큰 영향을 받게 된다.

∴ 사과와 용서도 적절한 타이밍이 있다

'메라비언 법칙'을 소개하면서 한 가지 덧붙이고 싶은 것은 사과하는 순간이 얼마나 시기적절한가에 관해서다. 예를 들어, 상대방이 아직 사과를 받아들일 만큼 마음이 누그러지지 않았는데 막무가내로 사과를 하는 것은 잘못된 처사가 아닐 수 없다. 잘못을 저지른 사람이 자기 마음 편하자고 하는 사과는 상대방의 마음을 두 번 다치게 할 뿐이다.

원래 사과보다는 용서가 훨씬 힘든 법이다. 용서의 '서'(恕)자가 '같을 여'(如)와 '마음 심'(心)으로 이루어져 있는 것처럼, 사과를 받는 사람의 마음이 사과를 하는 사람의 마음과 같아져야 비로소 용서를 할 수 있는 것이다. 사과를 받는 사람 입장에서 그건 결코 쉬운 일이 아니다. 사과는 상대방이 받아들일 준비가 되었을 때 진심을 다해서 예를 갖춰 해야 하는 것이다.

원래 사과보다는 용서가 훨씬 힘든 법이다.
용서의 '서'(恕)자가 '같을 여'(如)와 '마음 심'
(心)으로 이루어져 있는 것처럼, 사과를 받는
사람의 마음이 사과를 하는 사람의 마음과 같
아져야 비로소 용서를 할 수 있는 것이다.

첫인상은 처음 만나서
3분 안에 결정된다

3 · 3 · 3 법칙

∴ **첫사랑을 못 잊는 사람과 마지막 사랑을 꿈꾸는 사람**

첫인상은 '3'이라는 숫자와 연관이 깊다. 처음 만난 상대방에 대한 평가는 3초, 30초, 3분이라는 시간이면 충분하다는 이론이 있다.

자, 지금 처음 보는 상대방과 얼굴을 마주하고 있다고 하자. 그러면 3초 안에 상대방의 얼굴이나 복장 등의 외적인 것을 통해 상대방에 대한 첫인상이 결정된다. 이어서 30초 안에 상대방의 목소리나 대화 방법 등에서 두 번째 인상이 결정된다. 그리고 3분 안에 그때까지의 종합적인 인상을 통해 본인과 마음이 통하는지 그렇지 않은지가 결정된다.

심리학에서는 사랑의 감정을 처음으로 느끼게 해준 이성이 가장 오랫동안 머릿속에 남는 것은 바로 초두효과 때문이라고 한다.

이처럼 처음 만나서 3분의 시간은 그 사람의 이미지를 결정짓는 매우 중요한 순간이 된다. 바로 그 3분이 처음 만난 사람에 대한 평가 기준이 될 수도 있다. 심리학에서는 이것을 '초두효과'(primary effect)라고 한다. 즉, 머릿속에 비슷한 정보들이 계속해서 들어올 경우 가장 처음에 들어왔던 정보가 기억에 오래 남는 현상을 말한다.

재미있는 사실은 심리학에서는 첫사랑을 잊지 못하는 것도 초두효과로 이해한다. 사랑의 감정을 처음으로 느끼게 해준 이성이 가장 오랫동안 머릿속에 남는 것이 바로 초두효과 때문이라는 것이다.

반대로 가장 최근에 들어온 정보가 오랫동안 기억에 남는다는 '최근효과'도 있다. '초두효과'와 '최근효과' 중 어떤 것에 더 민감한지는 사람마다 다르다. 초두효과에 민감한 사람은 첫사랑을, 최근효과에 민감한 사람은 마지막 사랑을 잊지 못한다. 그렇기 때문에 새로운 사람을 만나도 예전과 비슷한 사람이나 비슷한 상황에서 다시 사랑에 빠지게 된다.

∴ 호감과 비호감의 역전효과

시간이 지난 뒤 첫인상을 바꿀 수만 있다면 사람에 대한 평가 자체를 바꾸

만나서 처음 3분이면 상대방에 대한 관찰이 끝난다. 바로 그 3분이 처음 만난 사람에 대한 평가 기준이 될 수도 있다.

는 것도 가능해진다.

예를 들어, '처음부터 계속해서 인상이 좋은 사람', '처음에는 인상이 좋았는데 나중에는 인상이 나빠지게 된 사람', '처음에는 인상이 나빴지만 나중에는 인상이 좋아지게 된 사람' 중에서, 평가가 가장 높아진 사람은, '처음에는 인상이 나빴지만 나중에 인상이 좋아지게 된 사람'이다.

'처음에는 인상이 좋았지만 나중에는 인상이 나빠지게 된 사람'의 평가는 최악에 해당한다. 상대방에게서 받았던 인상의 차이가 클수록, 처음보다는 나중에 받은 인상이 더 큰 영향력을 행사하는 것이다. 이것을 심리학에서는 '득실효과'(게인-로스 효과, gain-loss effect)라고 한다.

믿었던 사람에게서 배신을 당하게 되면, 상대방의 평가는 그야말로 최악으로 바뀌게 된다. 이와 반대로 처음에는 사귀기가 어렵다고 생각했는데 뜻밖에 좋은 사람이었다고 느끼게 되면 평가가 급상승하게 된다. 그렇다면 칭찬을 먼저 한 뒤에 꾸중하기보다는, 꾸중을 한 뒤에 칭찬하는 쪽이 상대방에게 더 좋은 인상을 남길 수 있는 것이다.

그런데 게인-로스 효과가 사람의 인상에만 적용되는 것은 아니다. 하기 힘들 거라고 포기하다시피 했던 일이 마침내 실현됐을 때 느끼는 기쁨이나, 반대로 기대했던 것이 갑자기 수포로 돌아갔을 때 느끼는 실망감도, 득실효과로 이해할 수 있다.

순위와 비율의 곱은
항상 일정하다

지프 법칙

∴ **영어 단어의 출현 빈도 계산하기**

'지프 법칙'이란, 미국의 언어학자 조지 킹슬
리 지프(1902~1950)가 영어 단어의 출현 빈
도를 분석하면서 발견한 일종의 경험칙이다.
1949년 지프는 영문학 작품이나 신문기사
등을 분석하면서, 그 무렵 사용되고 있던 영
어 단어의 출현 빈도에 어떤 규칙적인 패턴
이 존재한다는 사실을 발견했다.

출현 빈도가 높은 단어들을 순서대로 살

조지 킹슬리 지프

퍼보면, 1위 'the', 2위 'of', 3위 'and', 4위 'to' 등이다. 그런데 단어 사용의 빈도가 그저 이 순서로 되어 있다면 그렇게까지 놀랄 만한 일은 아닐 것이다. 이 단어들의 출현 빈도에는 뜻밖에도 규칙적인 패턴이 반영되어 있다. 그것은 출현 빈도와 출현 순위의 곱이 일정한 패턴을 유지한다는 것이다. 출현 빈도가 1위인 'the'의 출현율이 10%라면, 2위 'of'의 출현율은 5%(5%×2=10%), 3위 'and'의 출현율은 3.3%(3.3%×3=약 10%)처럼, '순위×출현율'이 같아진다는 것이다.

바꿔 말하면, 2위는 1위의 2분의1, 3위는 1위의 3분의1처럼, n 순위는 1위의 n분의1의 비율로 나타난다는 것이다.

∴ 마법 같은 경험칙

'지프 법칙'은 어디까지나 사람들의 경험에 바탕을 둔 규칙이기 때문에 모든 경우에 적중하지는 않는다. 하지만 다양한 사례를 조사해 보면, '지프 법칙'이 적중하는 경우가 제법 많다는 사실을 알 수 있다.

예를 들어, 기업의 총수익이나 매출액을 살펴보자. 어떤 업계에서 2위인 기업의 매출액은 1위 기업의 2분의1이고, 3위인 기업은 1위 기업의 3분의1이 되는 것이다.

다른 한편으로, 조금은 뜻밖이라고 생각할 수도 있는데, 유리등이 깨졌을

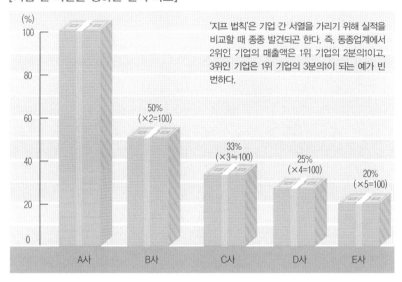

[기업 간 서열을 정하는 실적 비교]

'지프 법칙'은 기업 간 서열을 가리기 위해 실적을 비교할 때 종종 발견되곤 한다. 즉, 동종업계에서 2위인 기업의 매출액은 1위 기업의 2분의1이고, 3위인 기업은 1위 기업의 3분의1이 되는 예가 빈번하다.

50% (×2=100)
33% (×3≒100)
25% (×4=100)
20% (×5=100)

때 나오는 파편의 크기를 그 예로 들 수 있다. 유리가 깨진 후에 그 파편을 모아서 그 크기 순서대로 나열해보면, 두 번째로 큰 파편의 크기는 가장 큰 파편의 2분의1, 세 번째로 큰 파편의 크기는 가장 큰 파편의 3분의1이 된다.

그밖에도 도시 인구, 홈페이지 링크 수, 영화 관람객 수, 지진 규모 등 다양한 사례에서 '지프 법칙'이 증명되곤 했다.

'지프 법칙'과 같은 경험칙이 과학적으로 규명된다면 그건 더 이상 경험칙이 아니다. 세상에는 과학으로 설명할 수 없다는 이유로 폄하되는 것들이 참 많다. 하지만 오랜 경험에서 비롯한 것들은 과학보다도 훨씬 경이로울 때가 있다. 과학이 품지 못한, 인간적인 지혜로움이 그 안에 담겨 있기 때문이다.

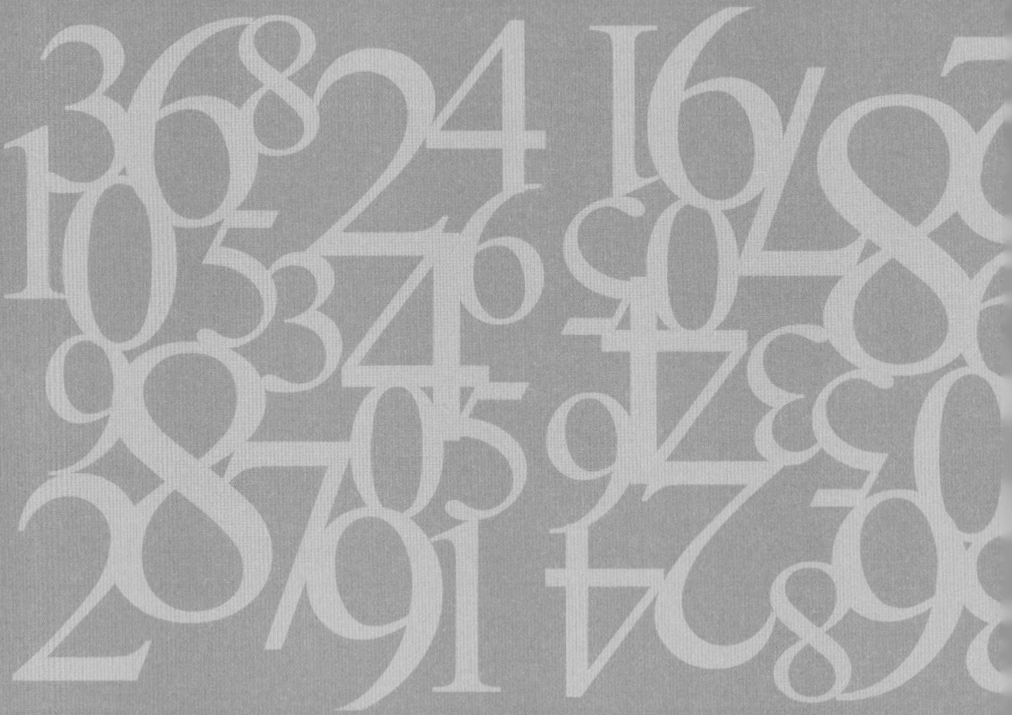

CHAPTER

02

선택의 수

확률에 얽힌
오해와 진실

확률과 대수 법칙

∴ 확률이란 무엇인가

확률은, 어떤 일이 일어날 결과의 비율이나 또는 일어나기 쉬운 추정치를 수로 표시한 것이다. 동전던지기를 할 때 앞면이 나오든 뒷면이 나오든, 모두 우연의 결과이다. 보통의 경우라면 동전을 던질 때 앞뒷면 중에서 어느 면이 앞으로 나올지를 아는 사람은 아무도 없다. 실제로 동전을 던지지 않고서는 알 수가 없는 것이다. 그런데 동전의 앞뒷면이 나오는 데 규칙적인 패턴이 있다는 것쯤을 우리는 알고 있다. 이것이 바로 확률이다.

동전의 앞면이 나올 확률은 2분의1이다. 동전을 한 번 던지면 앞면 아니면 뒷면이 나온다. 그러니 앞뒷면이 나올 가능성은 둘 중에 하나다. 결국

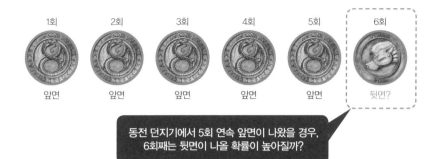

앞면이 나올 확률과 뒷면이 나올 확률은 각각 2분의1이 된다. 이와 마찬가지로, 주사위 눈이 6개가 박힌 주사위를 1회 던져서 3이 나올 확률은 6개 중에 1개인 6분의1이다. 이처럼 이론적인 계산으로 구한 확률을 '수학적 확률'이라고 한다.

한편, 실제로 동전을 던져서 5회 연속해서 앞면이 나온다고 하자. 그러면 사람들은 무의식적으로 '이번에는 뒷면이 나오지 않을까'라고 생각하기 쉽다. 5회나 연속해서 앞면이 나오게 되면 그다음에는 왠지 뒷면이 나올 가능성이 높을 것 같은 생각이 들기 때문이다. 물론 이것은 단순한 착오에 지나지 않는다. 한쪽으로 기울어지거나 찌그러지지 않은 동전이라면, 예를 들어 10회 연속해서 앞면이 나온다고 해도 11번째에 앞면이 나올 확률이 갑자기 높아지거나 하는 것은 아니다. 그다음에 앞면이 나올 확률도 뒷면이 나올 확률도 모두 2분의1로서 변함이 없는 것이다. 실제로 동전던지기를 해보면 11회 던지면 그중에 다섯 번이 반드시 앞면으로 나오는 것도 아니다. 오히려 그렇지 않은 경우가 더 많을 수도 있다.

예를 들어, 동전을 10회 던졌는데 그중에 앞면이 7회가 나올 수도 있는 것이다. 이 시점에서 앞면이 나온 확률은 10분의7이다. 그렇다면 앞면이 나올 확률이 2분의1이라는 것이 도대체 무엇을 의미하는지 알 수 없는 상황이 되는 것이다.

∴ '통계적 확률'과 '수학적 확률'은 다르다

반복해서 말하지만, 동전을 1회 던져서 앞면이 나올 확률은 2분의1이다. 그런데 앞에서 언급한 것처럼, 동전을 10회 던졌는데 그중에 7회가 앞면으로 나오게 되면, 그 시점에서 앞면이 나올 확률은 10분의7이다. 이렇게 실제의 결과에서 얻어진 확률을 '통계적 확률'이라고 한다. 하지만 그 후에도 동전을 던지는 횟수가 늘어나면, 앞면이 나올 확률은 2분의1에 점점 가까워지게 된다.

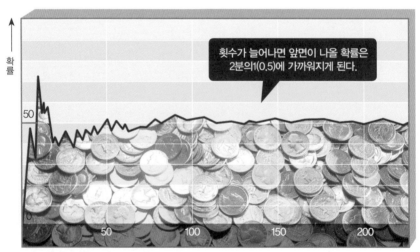

실제로 행한 결과에서 얻어진 통계적 확률이, 실시 횟수가 늘어남에 따라서 이론적인 수학적 확률에 가까워지는 것이다. 이것을 '대수 법칙'이라고 한다. 실시 횟수가 적을 때에는 확률대로 나타나지 않는다고 해도, 실시 횟수를 늘리면 계산해서 얻은 이론상의 확률에 가까워지는 것이다. 요컨대 확률이란, 실시 횟수를 늘려갈수록 그렇게 될 가능성이 높다는 기준을 숫자로 보여주는 것이다.

∴ 확률에 가까워지기 위해서는 시도 횟수가 많아져야 한다!

'대수 법칙'에서 알 수 있듯이, 어느 정도의 횟수를 거듭하지 않으면 확률과 같은 결과를 얻을 수 없다.

예를 들어 카지노에 있는 룰렛 게임의 경우, 이론상의 확률로 보면 카지노 측은 5%의 수익을 가져간다. 그런데 카지노 고객 중에는 룰렛 게임에서 확률 이상으로 크게 대박을 터트리는 사람도 있는가 하면, 반대로 확률보다 크게 손해를 보는 사람도 있다.

한편, '확률 법칙'에 따르면 카지노에서 도박의 횟수를 늘리면 언젠가는 대박을 터트릴 가능성이 높다고 생각하기 쉽다. 실시 횟수를 늘려갈 때에 그렇게 될 가능성이 높다는 기준을 숫자로 나타내는 게 '확률 법칙'이기 때문이다. 하지만 카지노는 도박의 실시 횟수를 늘려 나갈수록 돈을 따는 것보다 잃을 확률이 높아진다. 그 이유는 애초에 카지노를 만든 운영자가 도박을 하면 할수록 돈을 잃을 가능성이 높아지도록 프로그래밍 해놓았기 때문이다.

고객이 적은 카지노에서는 이론상 기준인 5%보다 수익을 많이 내거나 아니면 적게 내는 등 그 차이가 크게 나타나기 때문에, 카지노 측에서 보더라도 어느 정도의 수익을 얻을지 예측하기가 어렵다. 하지만 룰렛을 하는 고객이 많아지면 이론상의 기준인 5%에 가까워져서 안정적인 수익을 얻을 수 있게 되는 것이다.

　야구에서의 타율도 마찬가지다. 타석 수가 적을 때에는 타자의 타율이 6할도 되고 7할이 되기도 한다. 그런데 이 타율이 타자의 본래 실력을 반영한 결과는 아니다. 타석 수가 점점 늘어남에 따라 타자 본래의 실력에 가까운 타율이 나타나게 되는 것이다. 그 때문에 프로야구에서는 타격 랭킹에 올라갈 수 있는 기준인 규정타석(시합 수×3.1)을 채워야만 하는 것이다.

확률이란 실시 횟수를 늘려갈 때에 그렇게 될 가능성이 높다는 기준을 숫자로 보여주는 것이다. 하지만 도박의 실시 횟수를 늘려 나가면 돈을 따는 것보다 잃을 확률이 높아진다. 그 이유는 애초에 도박장 운영자가 설계한 확률적 모형 때문이다.

TV 시청률 조사는
과연 믿을 수 있나?

조사 대상 수와 오차

∴ **샘플이 많을수록 오차는 적어진다!**

정치인의 지지율이나 TV 시청률 등을 조사할 경우에 비용이나 시간 등을 고려하면 모든 국민을 대상으로 설문지 조사를 실시할 수는 없다. 그 때문에 한정된 사람 수를 샘플로 선택해서 설문 조사를 실시하는 것으로써, 모든 국민의 지지율이나 시청률 등을 추정하는 것이다.

이것은 마치 집에서 만든 국이나 찌개의 맛을 볼 때, 수저로 그 국물을 떠서 간을 보

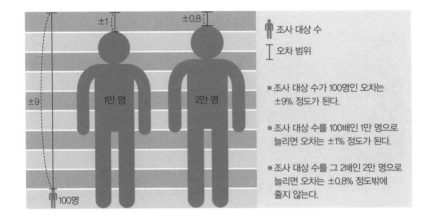

조사 대상 수

오차 범위

- 조사 대상 수가 100명인 오차는 ±9% 정도가 된다.

- 조사 대상 수를 100배인 1만 명으로 늘리면 오차는 ±1% 정도가 된다.

- 조사 대상 수를 그 2배인 2만 명으로 늘리면 오차는 ±0.8% 정도밖에 줄지 않는다.

±1   ±0.8   1만 명   2만 명   ±9   100명

고서는 국이나 찌개 전체의 맛을 확인하는 것과 같은 이치이다. 이런 샘플 조사에서도 '대수 법칙'(78쪽)처럼 조사 대상이 많을수록 원집단의 특징을 더 정확하게 얻을 수 있다. 요컨대, 샘플 조사의 수를 늘리면 전체를 조사한 결과와의 오차를 줄일 수 있는 것이다.

하지만 그렇더라도 함부로 조사 대상 수를 늘리는 것이 모두 효과적인 방법이라고 할 수만은 없다. 앞에서 말한 것처럼, 조사 대상 수를 늘리려면 비용이나 시간 또는 각종 업무를 담당할 인력을 많이 보충해야 하기 때문이다.

∴ 정확성이냐, 경제성이냐

예를 들어, 일본에서의 TV 시청률 조사는 간토 지역의 경우에는 600 세대를 대상으로 진행한다. 이 조사에서 시청률 10%가 나왔다는 것은, 10%를 기준으로 ±2.4%의 오차가 있다는 의미이다. 따라서 시청률을

조사 대상 수를 무턱대고 많이 늘린다고 정확성이 올라가는 것은 아니다. 조사 대상 수와 오차 범위를 세심하게 따져봐야 한다. 아울러 조사 비용까지 고려해야 하는 경우에는 상황이 좀 더 복잡해진다.

10%라고 하면, 그것은 실제 시청률이 7.6%~12.4%일 가능성이 높다는 것을 보여주는 것이라고 할 수 있다.

조사 결과의 오차를 줄이려면 조사 대상이 되는 세대 수를 늘이면 된다. 하지만 오차 범위를 반으로 줄이기 위해서는 세대 수를 2배가 아니라 그것의 또 2배 즉 모두 4배인 2400세대로 늘여야 한다. 나아가 오차 범위를 3분의1로 줄이기 위해서라면 그 세대 수를 9배인 5400세대로 늘여야 한다.

한편, 100명을 대상으로 실시한 조사 결과가 70%로 나온 경우의 오차 범위는 ±9%이다. 이 조사 대상 수를 그 100배인 1만 명으로 늘렸을 때의 오차 범위는 ±1% 정도가 된다. 하지만 다시 조사 대상 수를 1만 명에서 그 2배인 2만 명으로 늘렸을 때의 오차 범위는 ±0.8% 정도로, 그 전에 비해서 거의 변화가 없다.

그 이상으로 조사 대상 수를 아무리 늘린다고 해도 조사에 드는 비용과 시간에 비해서 조사 결과가 훨씬 더 정확하게 나타나지는 않는다. 결국은 허용되는 오차 범위를 정하고 난 뒤에 조사 대상 수를 결정하는 것이 현명한 방법이다.

RULE
15

왜 항상 기대한 만큼
얻지 못할까?

기대치 이론

∴ 기대치를 알면 손해를 안 본다?

당신에게 다음의 2가지 조건의 일거리가 들어왔다고 하자.

첫째, 일당 1만 엔의 이익을 얻을 수 있는 일.

둘째, 50%의 확률로 일당 3만 엔의 이익을 올릴 수 있는 일(이 일에서 이
익을 얻을 수 없는 확률은 50%임).

이 경우 당신은 어떤 일을 선택하겠는가?

이런 상황에서는 기대치를 구하면 어느 쪽이 더 이득인지를 알 수 있다.
기대치란 확률적으로 기대할 수 있는 수치다.

첫 번째에서는 기대치를 생각할 것도 없다. 그냥 일당 1만 엔을 벌 수 있

는 것이다. 그런데 두 번째 경우에 기대치를 구하면, 3만 엔을 얻을 수 있는 확률은 50%(0.5)이다.

$$3만\ 엔 \times 0.5 = 1만5천\ 엔$$

즉, 두 번째 경우 일당 1만5천 엔을 벌 수 있다. 따라서 3만 엔을 벌 수 있는 가능성이 있는 일을 할 경우 이익을 얻을 확률은 50%이지만, 첫 번째 경우보다 일당 5천 엔을 더 벌 수 있게 된다. 그런데 이 경우도 앞에서 다룬 '대수 법칙'(78쪽)과 관계가 있다.

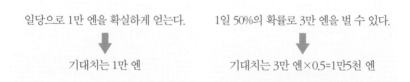

일당으로 1만 엔을 확실하게 얻는다.	1일 50%의 확률로 3만 엔을 벌 수 있다.
⬇	⬇
기대치는 1만 엔	기대치는 3만 엔×0.5=1만5천 엔

두 번째 일을 하루만 한다면 이익을 전혀 얻지 못할 가능성도 확률로는 50%나 된다. 이것은 2~3일 계속됐을 때에도 마찬가지다. 하지만 이 일을 며칠에 걸쳐 계속하면 할수록 그 이익은 기대치에 가까워지게 되고, 따라서 평균으로 계산하면 일당 1만5천 엔의 이익을 얻을 수 있게 되는 것이다.

∴ 도박에 담긴 기대치의 허와 실

이 같은 상황은 도박이라고 해도 크게 다르지 않다. 도박은 주최자라고 할 수 있는 카지노 측이 이익을 얻을 수밖에 없는 구조로 되어 있다. 종류를 불문하고 어떤 도박이든, 이른바 기대금액이 판돈보다 낮게 설정되어 있기 때문이다.

기대치가 100%보다 적은 도박을 오랫동안 계속하면 반드시 손해를 볼 수밖에 없다. 기대치가 100%인 도박이라고 해도 많아봐야 판돈만큼만 얻을 수 있는 것이다. 바꿔 말해서, 얻는 것과 잃는 것을 모두 합하면 ±0인 상태가 되기 때문이다.

예를 들어 룰렛에서는 빨강이나 검정에 내기를 걸면 판돈의 2배를 벌 수 있다. 미국식 룰렛의 경우에는 1부터 36까지의 숫자는 빨강과 검정 색깔로 반반씩 채워져 있고, '0'에는 빨강이나 검정 색이 칠해져 있지 않다. 따라서 빨강이나 검정에 맞힐 확률, 즉 당첨 확률이 2분의1보다 낮게 설정된 것이다.

'0'이 있는 미국식 룰렛
'0'이 있기 때문에 빨강(1,3,5 등)이나 검정(2,4,6 등)에 맞을 확률은 2분의1보다 낮다.

당첨 확률이 2분의1이라면 기대치는 100%가 되기 때문에(2분의1의 확률로 맞히면 200%의 이익을 얻는다. 그러나 맞히지 못하면 0%가 되기 때문에 기대치는 100%가 된다), 계산상으로는 손해를 보지 않는다. 하지만 실제로는 2분의1보다 낮게 되도록 설정되어 있기 때문에 기대치는 약 95% 정도밖에 되지 않는 것이다. 따라서 카지노 측이 항상 유리한 것이다. 결국 도박을 하게 되면 가끔씩은 당첨되거나 이기는 일이 생긴다고 해도 오랜 시간을 계속하다보면 결국 손해를 보게 된다.

∴ 복권의 기대치는 어느 정도로 낮을까

게다가 복권의 기대치는 47% 정도밖에 되지 않는다. 1장당 300엔인 점보복권의 기대치는 140엔 안팎이다. 복권도 도박처럼 오랫동안 사면 살수록 1장당 160엔씩 손해를 본다고 할 수 있다. 복권이 도박과 다른 한 가지는 수십 억 단위의 거금을 손에 넣을 수 있는 가능성이 존재한다는 것뿐이다.

복권을 사는 사람에게 물으면, 그들은 '꿈을 산다'는 말을 자주한다. 왜냐하면 점보복권 1등에 당첨되면 샐러리맨이 한 평생 일해서 벌 수 있는 액수의 돈을 단 한 번에 손에 넣을 수

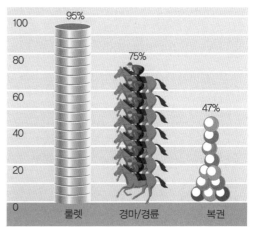

[기대치 비교]

롤렛 95%
경마/경륜 75%
복권 47%

있기 때문이다. 바로 그런 행운을 제공하는 것이 복권인 것이다.

하지만 앞에서 언급한 대로 기대치가 100% 이상이 되면 오랫동안 계속
한다고 해도 손해를 볼 가능성이 없다고 하겠지만, 기대치가 100% 이하가
되면 복권을 사면 살수록 확실히 손해를 보게 되는 것이다. 여기서 꼭 밝히
고 싶은 것은 복권을 자주, 많이 살수록 당첨의 확률이 결코 올라가지 않는
다는 점이다. "매주 빠짐없이 꾸준히 복권을 사다보면 언젠가는 당첨될 수
도 있겠지"라는 생각은 어처구니없을 정도로 순진한 발상이다.

∴ 수학적 사고만큼 건전한 것이 또 있으랴!

재미있는 사실 하나! '기대치 이론'은 도박에
서 돈을 따기 위한 방법을 찾기 위한 연구에
서 비롯됐다고 한다. 16세기 이탈리아 출신
의 수학자 제롤라모 카르다노(1501~1576)는
한때 주사위던지기 도박에 빠져 지냈다. 심지
어 자신의 연구 분야인 수학을 주사위던지기
도박에 적용할 정도였다. 급기야 그는 주사위
던지기 도박에서 돈을 따기 위한 책까지 쓰게

제롤라모 카르다노

되었는데, 이 책에서 처음으로 '기대치 이론'을 거론한 것이다. 아이러니하
게도 카르다노는 책에 이렇게 썼다.

"도박에서 대박을 터트릴 수 있는 가장 좋은 방법은, 절대로 도박을 하
지 않는 것이다."

하지만 카르다노 역시 끝내 도박으로 패가망신을 하고 말았다.

도박에서 조금이라도 돈을 따고 싶고 그 확률을 높이려고 한다면, '대수 법칙'과는 반대로 행동하면 된다. 앞에서 말한 대로, 도박은 하면 할수록 그 횟수가 늘어남에 따라 '대수 법칙'이 작용해서 승부에서 질 가능성이 높아진다. 그렇다면 도박에서 최소한 지지 않기 위해서는 기대치가 조금이라도 높은 것만 하고서는 곧바로 손을 떼는 것이다. 이를테면, 짧은 시간 내에 이길 가능성이 있는 것만 하고 결과에 상관없이 도박장을 박차고 나오는 것이다. 도박장에서 수학적 사고가 진정한 가치를 발휘하려면 미련을 버리고 곧바로 과단성 있는 행동으로 이어져야 한다.

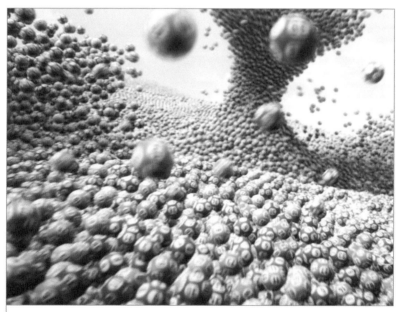

복권과 도박에서는 '대수 법칙'이 통하지 않는다. 하면 할수록 오히려 대박이 터질 확률이 줄어들기 때문이다.

이기는 도박 이론

이길 확률이 2분의1이고 이기면 판돈의 2배를 가져가는 도박이라면 이론상 지지 않게 된다. 이른바 '2배 배팅법'이 바로 그것이다.

예를 들어, 처음에 1만 엔을 걸어서 게임에 졌다고 하자. 그러면 그

다음에는 1만 엔의 2배인 2만 엔의 판돈을 건다. 만약 두 번째 게임에서 이기면 4만 엔을 손에 쥘 수 있다. 이 때 총지출은 3만 엔(1만 엔+2만 엔)이지만 게임에 이겨서 4만 엔을 땄다면 결국에는 1만 엔을 벌 수 있게 되는 것이다.

요컨대, '2배 배팅법'이란, 게임에서 돈을 잃으면 그다음 판에는 잃은 돈의 2배를 걸면서 이길 때까지 시합을 계속하는 것이다. 이 방법에 따르면, 이론상으로는 게임에서 절대로 질 수 없다. 하지만 권하고 싶지는 않다.

처음에 1만 엔을 걸고 2배 배팅법을 계속했다면, 10회 연속으로 도박에서 졌을 경우에 11번째의 판돈은 1024만 엔이 된다. 그런데 10번째까지의 판돈을 모두 합하면 1023만 엔이 된다. 그리고 11번째 도박판을 벌리면 이제껏 모두 2047만 엔을 판돈에 건 셈이다. 그런데 설령 11번째 도박판에서 이겼다고 해도 손에 쥘 수 있는 금액은 11번째 판돈의 배인 2048만 엔이다. 따라서 도박에서 얻는 돈은 결국 1만 엔이다(2048만 엔 − 2047만 엔).

확률이 2분의1인 도박에서 10회 연속으로 질 확률은 1024분의1이다. 확률적으로는 이길 확률이 높다. 하지만 이겨봐야 무슨 의미가 있을까? 결국 그렇게 마음 졸여가며 번 돈은 1만 엔인데 말이다.

RULE

16

운이 좋다는 말은
무슨 뜻일까?

행운 이론

∴ **행운과 불운에 얽힌 착각**

확률이 10000000분의1인 복권에 당첨된다면, 이건 누가 봐도 대단한 행

운이 아닐 수 없다. 반면 10000000명 중에 1명 비율로

발병하는 난치병에 걸린다면, 하늘이 무너질 만

큼 불운한 일이다.

　그런데 사람들 대부분은 같은 확률인데도 불

구하고 운이 좋은 것은 본인에게 일어날지도 모른다

고 생각한다. 반대로 운이 나쁜 것은 본인에게는 일어나지 않을 것

이라고 확신하는 예가 많다. 그래서 사람들은 불운한 상황을 빗대

어 하늘이 무너진다고 표현한다. 하늘이 무너지는 일은 현실적으로 발생할 수 없기 때문이다.

따라서 복권에서 1등에 당첨될 확률(10장 구입할 때의 확률은 1000000분의 1)보다도 1년 동안 교통사고로 사망할 확률(2012년 일본의 경우, 약 28000분의1)이 높음에도 불구하고, 본인은 교통사고로는 목숨을 잃지 않을 거라고 생각하는 것이다. 이와 반대로 언젠가는 1등에 당첨될지도 모른다고 생각하면서 복권을 사는 게 사람들의 습성이다.

재미있는 것은, 복권에 당첨되지 않은 999999명은 자신이 운이 없다고 생각하기 쉽다. 하지만 반대로 교통사고로 사망하지 않은 27999명은 자신이 행운아라고 생각하지는 않는다. 길 건너 편의점으로 매주 빠짐없이 복권을 사러 갈 때 무단횡단을 하는 사람은, 자신이 이번 주에도 복권에 당첨되지 않으면 불운하다고 생각하면서도 그렇게 밥 먹듯이 무단횡단을 해도 여태 교통사고로 죽지 않고 살아 있는 행운아란 생각은 하지 않는 것이다.

∴ 운이 없으면 불행한가?

동전 하나로 던지기를 계속하면, 앞면→뒷면→앞면→뒷면 등과 같은 규칙적인 패턴보다는 앞면 아니면 뒷면 중에 어느 한 쪽이 계속해서 나올 때가 많다. 따라서 앞면이 뒷면보다 많이 나오거나 아니면 뒷면이 앞면보다 많이 나오는, 이를테면 어느 한 쪽에 쏠리는 결과가 나타난다. 어떨 때에는 100회 던지기를 하면 70회가 앞면이 나오고, 또 어떤 경우에는 100회 중에 30회만 앞면이 나오는 경우도 있는 것처럼 말이다.

복권 10장을 사서 당첨될 확률

$$\frac{1}{1000000}$$

1년 내에 교통사고로 사망할 확률

$$\frac{1}{28000}$$

복권에 당첨되지 않은 999999명은 자신이 운이 없다고 생각하기 쉽다. 하지만 반대로 교통사고로 사망하지 않은 27999명은 자신이 행운아라고 생각하지는 않는다.

만약 당신이 동전던지기 도박에서 앞면이 나오는 데 판돈을 걸었다고 하자. 앞면이 나오는 때를 계속해서 정확하게 맞히면 돈을 벌게 된다. 반대로 앞면이 나오는 때를 맞히지 못하면 돈을 잃게 된다. 하지만 한쪽에 쏠리는 치우침 현상이 언제 나타날지를 예측할 수는 없다.

동전던지기처럼 행운과 불운의 결과는 예측할 수가 없다. 예측할 수 없는 것에 집착하는 것은, 요행만을 바라는 것과 다르지 않다. 중요한 것은 뜻하지 않게 행운이 찾아왔거나 혹은 불운이 닥쳤을 때 그것에 대처하는 자세이다. 행운과 불운이 인생에서 행복과 불행을 결정짓는 요인일 수는 없다. 갑자기 찾아온 행운 혹은 불운에 삶의 중심이 흔들린다면 그거야말로 불행의 시작이 아닐까?

쉼 없이 두드리면
반드시 열릴까?

성공확률 법칙

∴ 슬럼프에 빠진 3할 타자를 선발에서 빼지 못하는 이유

'중도에 포기하지 않고 계속하는 것이 성공의 비결'이라고 말한다. 정말 맞는 말일까?

야구를 예로 들어보자. 알다시피, 야구에서 3할 타자란 안타를 칠 확률이 30%인 선수를 말한다. 안타를 치는 것이 타자에게 성공의 잣대라고 한다면, 3할 타자는 성공확률을 30%로 만들 수 있는 능력을 지닌 선수이다.

이런 3할 타자가 한 경기에서 타석에 4번 들

어설 수 있다고 하자. 그러면 이 타자가 4타석에 최소한 안타를 한 번이라도 칠 확률을 계산하면 다음과 같다.

$$1-(0.7 \times 0.7 \times 0.7 \times 0.7) = 약\ 0.76$$

따라서 4타석에 최소한 안타를 한 번이라도 칠 확률은 76%이다. 만약 5번째 타석에 들어설 수 있게 된다면 1번 이상 안타를 칠 확률은 83%가 된다. 이처럼 확률적으로 계산해보면 쉼 없이 계속하는 것이 성공으로 가는 길임을 알 수 있다.

∴ 중도에 포기하는 것이 가장 손해

설령 성공확률이 높아진다고 하더라도, "그렇게까지 계속 기회를 줄 수는 없다"라는 소리가 들리는 것만 같다. 그런데 5차례 정도라면 해볼 만하지 않을까?

안타를 칠 확률, 즉 성공확률이 30% 이상인 경우 한두 번의 실패로 중도에서 포기한다면 그동안 해온 것이 너무 아깝지 않을까? 이 경우, 최소한 5차례 정도는 기회를 줘야 하지 않을까? 그래서 3할 타자는 다소 부진하더라도 감독이 다른 타자로 바로 교체하지 않는 것이다.

하지만 실생활은 분명 야구와 다르다. 본인이 해보려는 일의 성공확률이 구체적으로 어느 정도인지조차 알 수 없을 때가 많다. 어쩌면 성공확률이 1% 정도밖에 안 될지도 모른다. 반대로 50%가 넘을 수도 있다.

여기서 한 가지 확실하게 말할 수 있는 것은, '성공할까' 아니면 '성공하지 못할까'는, 포기하지 않고 계속할까 아니면 중도에 포기해버릴까, 이 둘

[안타를 칠 확률은 어떻게 올라가는가?]

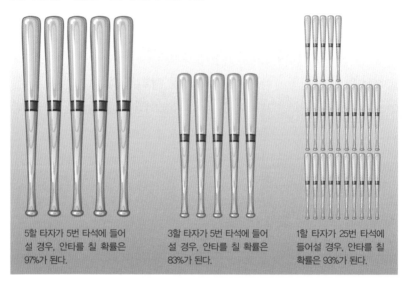

5할 타자가 5번 타석에 들어
설 경우, 안타를 칠 확률은
97%가 된다.

3할 타자가 5번 타석에 들어
설 경우, 안타를 칠 확률은
83%가 된다.

1할 타자가 25번 타석에
들어설 경우, 안타를 칠
확률은 93%가 된다.

의 차이와 다르지 않다. 하던 것을 포기해버리면 그 시점에서 성공확률은
0이 된다. 포기하지 않고 계속해서 도전을 한다면 성공확률은 조금씩 높아
지게 된다.

∴ '성공확률 법칙'을 세일즈에 적용한다면

예를 들어, 판매를 포함한 성공확률이 각각 10%, 20%, 30%, 40%, 50%인
상대방에게 세일즈 마케팅을 한다고 하자. 이럴 경우에 적어도 이 중에 어
느 누구 1명에게 뭔가 하나라도 팔 수 있는 성공확률은 얼마나 될까?

성공확률이 아무리 높아도 50%이기 때문에, 5명의 상대방에게 아무거
나 1개를 팔 수 있는 성공확률이 50%밖에 안 된다고 생각하기 쉽다. 하지

[물건을 팔 확률이 각각의 고객마다 50%를 넘지 못할 경우]

A, B, C, D, E 모든 고객에게 동시에 판매를 시도할 경우, 고객 5명 중 누군가에게 단 1개라도 물건을 팔 수 있는 확률은 85%가 된다.

10%
20%
30%
40%
50%

A고객에게
물건을 팔 확률

B고객에게
물건을 팔 확률

C고객에게
물건을 팔 확률

D고객에게
물건을 팔 확률

E고객에게
물건을 팔 확률

만 이것은 잘못된 생각이다. 이 경우에는 5명의 상대방에게 물건을 팔지 못하는 확률을 구하는 것이다.

그렇다면, 판매 실패확률은 각각, 90%, 80%, 70%, 60%, 50% 이다. 따라서 물건을 1개라도 파는 데에 실패할 확률은,

$$0.9 \times 0.8 \times 0.7 \times 0.6 \times 0.5 = 0.1512$$

즉, 물건을 단 1개라도 팔지 못할 확률은 15%밖에 안 된다. 따라서 5명의 예비 구매자에게 최소한 물건 1개라도 팔 수 있는 확률은,

$$100\% - 15\% = 85\%$$

즉, 85%나 되는 것이다. 그러니 성공확률이 낮다고 너무 기죽을 것까지는 없다. 포기하지 않고 계속 시도한다면 성공할 가능성은 높아진다.

18

DM 1통도 무시해선
안 되는 이유

0.3% 효과

∴ 확률 1%라도 400번을 시도하면 성공한다!

"시원찮은 대포도 많이 쏘다보면 명중시킨다"는 말처럼, 눈 딱 감고 하다
보면 그중에 우연치 않게 적중하는 경우도 있다. 이것은 확률적으로 틀린
얘기가 아니다. 직관적으로도 이해가 될 것이다. 다음과 같은 데이터가 있
다고 하자.

- 성공확률이 1%면, 230회 실시하면 90% 정도의 확률로 성공한다.
  400회 실시하면 98% 정도의 확률로 성공한다.
- 성공확률이 0.1%면, 2300회 실시하면 90% 정도의 확률로 성공한다.
  4000회 실시하면 98% 정도의 확률로 성공한다.

100

이 말은, 100명 중에 1명 정도밖에 구매 의사가 없
는 상품이라도 400명에게 그 물건에 대한 세일
즈를 하다보면 98%의 확률로 1명이 그 물건을
살 수도 있다는 뜻이다. 물론 이렇게까지 팔려고
하는 세일즈맨이 있을지 모르겠다. 하지만 1명에
게라도 물건을 팔면 1억 엔의 이익을 얻을 수 있다
면 얘기는 달라진다. 이 경우, 400명을 대상으로 하
는 영업이지만 분명히 가치가 있다고 생각하는 사람도 있을 것이다.

∴ DM(Direct Mail)의 회신율

DM마케팅에는, '1000에 3'이라는 말이 있다. 이것은, 지금까지 거래하지
않은 신규 고객을 대상으로 1000통의 DM을 발송했을 때 상품을 구입하겠
다고 기대할 수 있는 답신이 3건 정도밖에 안 된다는 뜻이다. 이 경우에 메
일 '회신율'은 0.3%에 불과하다.

DM을 1000통이나 보냈는데 겨우 3건밖에 안 된다는 생각을 할지도 모
르겠다. 그런데 예를 들어, DM 1통을 보내는 비용이 우송료를 포함해서
100엔이 들었다고 하자. 그러면 1000통이면 모두 10만 엔의 비용이 들어
간다. 그 결과, 상품이 겨우 3건밖에 팔리지 않았다고 해도 1개 팔아서 손
에 쥐는 이익이 5만 엔이라면 3개 팔면 15만 엔의 이익을 얻게 되는 것이
다. 10만 엔을 들여서 DM을 발송했는데, 물건은 3개밖에 팔지 못했다고 해
도 이익을 충분히 남길 수 있는 장사를 기대할 수 있는 것이다.

물론 이것은 단순한 예에 지나지 않는다. 상품이나 발송자에 따라서 수신자의 응답률이 바뀌는 것은 당연하다. 어느 쪽이든 구입자의 수만을 고려했을 때, 회신율이 같다고 하더라도 발송하는 DM의 수를 늘리면 구입자의 수도 그만큼 늘릴 수 있는 것이다. 즉, 0.3%의 회신율이라고 해도, 1만 명에게 발송하면 물건 30개를 팔 수 있다. 10만 명이라면 300개, 100만 명이라면 3000개를 팔 수 있는 것이다.

[DM의 판매 효과]

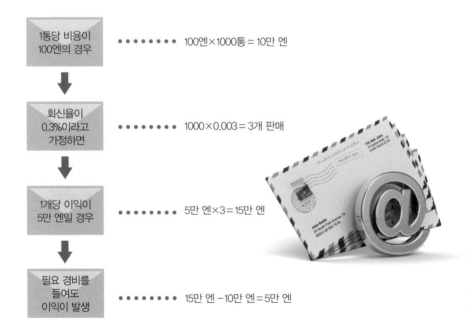

1통당 비용이 100엔의 경우 ●●●●●●●● 100엔×1000통＝10만 엔

회신율이 0.3%이라고 가정하면 ●●●●●●●● 1000×0.003＝3개 판매

1개당 이익이 5만 엔일 경우 ●●●●●●●● 5만 엔×3＝15만 엔

필요 경비를 들여도 이익이 발생 ●●●●●●●● 15만 엔 −10만 엔＝5만 엔

대중을 바보로
만드는 숫자의 위력

속임수 게임

∴ **'가짜약의 효험'이라는 모순**

이 책을 쓸 때 한두 가지 염려스런 점이 있었다. 기우이길 바랐지만 한편으로는 이 책이 독자들에게 오해를 살 수도 있겠다는 걱정이 가시질 않았다.

'숫자의 법칙'은 경영전략이든 마케팅이든 학업이든 대인 관계든 일상생활에서 적절하게 활용하면 훌륭한 지혜가 된다. 이것이 '숫자의 법칙'을 책으로 출간하는 이유이기도 하다. 하지만, '숫자의 법칙'을 부도덕한 의도로 활용하면 자

첫 사기로 전락할 수도 있다. 앞에서 소개한 '성공확률 법칙'은 특히 그런 소지가 크다. '성공확률 법칙'은 실시 횟수나 대상이 되는 사람의 수를 많이 늘리면 때로는 어처구니없는 일까지 초래하는 경우가 있다.

가짜약(플라시보, placebo)을 복용한 환자들 중에서 병의 증상이 호전되는 사례가 나온다는 것은 이미 잘 알려진 사실이다.

예를 들어, A라는 사람이 병을 고칠 수 있는 초능력을 보유하고 있다고 사람들에게 광고를 한다. 그리고 A가 TV의 황금시간대에 편성된 생방송 프로그램에 출현했다고 하자. 방송에 나온 A가, 이제부터 본인이 에너지를 방출하면 지금 이 방송을 보고 있는 시청자들의 병을 치료할 수 있다고 호언장담을 한다.

A는, "제가 에너지를 방출하면 그와 동시에 시청자 여러분께서는 몸 상태가 나쁜 쪽에 정신을 집중하세요. 그리고 제가 보내는 에너지를 받아들이면 됩니다"라고 말을 한다. 이어서, 상태가 좋지 않았던 몸이 나아진 사람은 TV방송국 프로그램 담당자에게 전화나 이메일 등으로 알려달라고 말을 한다.

물론 A는 사람의 아픈 곳을 고쳐줄 만한 초능력이 없을뿐더러 그의 이 같은 행동은 그저 병을 고치는 시늉을 내는 일종의 퍼포먼스에 지나지 않는다. 하지만 "만병의 원인은 마음에 있다"는 말처럼, 조금이라도 나빴던 몸 상태는 기분에 따라 나아질 수 있다. 원래 사람은 조금이라도 아픈 조짐이 몸에서 나타나면 스스로 치유할 수 있는 능력을 가지고 있기 때문이다.

'성공확률 법칙'은 '플라시보 효과'와 결합해 스스로 '초능력자'라고 칭하는 사람을 방송에 등장시키는 어처구니없는 상황을 초래하기도 한다.

실질적인 효과라고는 전혀 없는 가짜약(플라시보, placebo)을 복용한 환자들 중에서 병의 증상이 호전되는 사례가 나온다는 것은 이미 잘 알려진 사실이다(플라시보 효과).

그렇다면, TV를 통해서 A의 퍼포먼스를 1천만 명이 보았다고 하자. 그중에 A의 말을 믿고 따른 0.01%(1만 명 중에 1명)의 사람들이 몸 상태가 호전되는 느낌을 받았다고만 해도, 그 수는 1000명에 이른다. 그 1000명 중에 10%(100명)가 방송국에서 일러준 전화나 이메일 주소로 몸의 상태가 좋아진 결과를 알려왔다고 해보자.

이쯤 되면 그때까지도 A의 초능력을 의심하고 있던 시청자들조차 실제로 아팠던 증상이 호전되었다는 사람들이 100명이나 있다는 것을 알게 된

후로는 생각을 바꿀지도 모른다. "혹시 A가 병을 고칠 수 있는 초능력자는 아닐까?"하고 말이다.

신앙심이 깊은 신자들이 많은 어느 종교 단체의 교주가 다수의 신자를 대상으로 A와 같은 행위를 한다면, 신자들은 교주를 가리켜 병을 치료할 수 있는 초능력자로 추앙하게 될지도 모를 일이다.

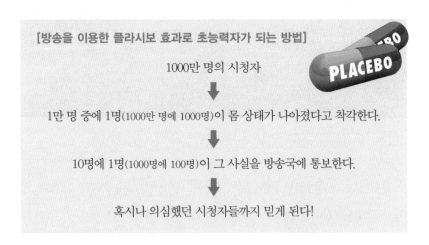

[방송을 이용한 플라시보 효과로 초능력자가 되는 방법]

1000만 명의 시청자

⬇

1만 명 중에 1명(1000만 명에 1000명)이 몸 상태가 나아졌다고 착각한다.

⬇

10명에 1명(1000명에 100명)이 그 사실을 방송국에 통보한다.

⬇

혹시나 의심했던 시청자들까지 믿게 된다!

∴ 숫자와 미디어

실제로 TV에서 어떤 초능력자를 소개한 프로그램이 있었다. 스마트폰이나 디지털시계가 아닌 태엽시계가 일반적이던 오래전에 있었던 일이다. 한 초능력자가 TV에 나와서 시청자의 집에 있는, 작동이 되지 않은 시계를 자신의 초능력으로 움직이겠다고 공언한 것이다. 그런데 그렇게 해서 정말로 움직인 시계가 있었다.

그런데 이것은 작동하지 않고 있던 태엽시계 중에서 조금의 진동이나 자극만으로도 시침이나 분침이 움직일 수 있다는 점을 이용한 것에 지나지 않는다. 이를테면 기계 상태가 안 좋을 때 기계를 톡톡 건드려서 다시 움직이게 하는 것과 같은 원리이다. 또한 태엽시계 중에는 시계를 만지는 사람의 손에서 나오는 미열에 따라

사람들은 오래 전부터 별자리를 자신의 운세와 연관시켜왔지만, 그것을 과학적으로 규명해낼 방법은 어디에도 존재하지 않는다.

서 기계 장치들 사이를 막고 있던 기름이 녹아서 시계가 다시 작동하기 시작한 경우도 포함되었을 것이다.

　공휴일의 아침방송 시청률은 꽤 높은 편이다. 예를 들어, 어느 날 전갈좌 태생의 사람들이 어떤 아침방송에서, "태어난 별자리가 전갈좌인 사람들에게 오늘은 좋은 일이 일어날 겁니다"라는, '오늘의 운세' 같은 말을 들었다고 하자. 그런데 그들 중에는 뭔가 좋은 일이 일어난 사람이 꼭 있을 것이다. 그날 우연하게도 좋은 일을 접한 전갈좌 태생의 사람은 아침방송 프로그램에서 한 말이 족집게처럼 들어맞았다고 생각할 것이다. 이로 인해 별자리 운세를 믿게 되는 것이다. 이와는 반대로 좋은 일을 접하지 못한 전갈좌 태생의 사람이라면 그 프로그램에서 다룬, '오늘의 운세' 같은 것에는 전혀 관심을 갖지 않고 사는 사람들일 것이다.

RULE
20

계속해서 성공만
할 수 없는 이유

실패확률 법칙

∴ 오늘과 내일 성공했다면 모레는 실패를 준비하라!

인생에서 실패는 떼려야 뗄 수 없는 것이다. 누구나 실패하기 마련이다.

90%의 성공확률을 지닌 능력이 있는 사람이라고 해도 2회 연속으로 일을

성공적으로 마칠 확률을 계산해 보면 다음과 같다.

$$0.9 \times 0.9 = 0.81(81\%)$$

처음의 90%에서 81%로 성공확률이 떨어진 것이다. 마찬가지로 3회 연

속으로 성공할 확률은 더 떨어진다.

$$0.9 \times 0.9 \times 0.9 = 0.729(약\ 73\%)$$

다음 표에서 나타나듯이 하면 할수록 성공확률은 계속 낮아진다.

[성공확률 90%의 사람이 연속해서 하는 일에 성공할 확률]

횟수	1회	2회	3회	4회	5회	6회	7회	8회	9회	10회	...	40회
확률	90%	81%	73%	66%	59%	53%	48%	43%	39%	35%	...	1%

이처럼 어떤 일의 성공확률이 90%를 갖춘 사람이라고 해도 10회 연속으로 성공할 확률은 35%로까지 낮아진다. 반대로 말하면, 이것은 90%의 성공확률을 가진 사람이라고 해도 10회 실시해서 그중에 적어도 1회 이상 실패할 확률이 65%라는 뜻이다. 더욱이 40회 연속으로 성공할 확률은 1% 정도밖에 되지 않기 때문에, 40회 중에 적어도 1회 이상 실패할 확률은 99%가 된다. 성공확률이 90%인 사람이라고 해도 그 횟수를 40회로 늘리면 1회 정도는 실패할 가능성이 매우 높게 나타나는 것이다.

누군들 실패를 하고 싶겠는가. 그런데 성공확률이 아무리 높다고 해도 계속해서 하다보면 언젠가는 실패하는 날도 오는 법이다.

∴ 성공하려면 당장 실패하는 법부터 배워라!

사람이라면 누구나 실패할 수 있다. 그렇기 때문에 필요 이상으로 실패를 두려워해서도 안 된다. 한두 번 실패를 했다고 해서 포기하는 것은 처음부터 성공하고 싶은 의지가 없었던 것이나 다름없다. 너무나 당연해서 누구나 쉽게 하는 말이지만, 정말 중요한 것은 실패하고 난 후에 어떻게 할 것인가이다.

그래서일까? 실패에 대한 교훈적인 명언도 참 많다. 그 가운데 특히 가슴에 와 닿는 두 가지 명언이 있다.

하나는, 미국 프로야구 메이저리그 팀인 세인트루이스 카디널스의 간판 타자이자 3630안타(미국 프로야구 역사상 4번째로 많은 안타)를 친 스탠 뮤지얼(1920~2013)이 남긴 말이다.

"내가 내 자신을 자랑스럽게 여기는 것은, 타율이 높다거나 홈런이나 안타 등을 많이 친 것이 결코 아니다. 셀 수 없을 정도로 시합에서 지고 바닥모를 슬럼프가 왔어도 그때마다 포기하지 않고 다시 일어섰다는 것, 이게 나의 자랑이다."

다른 하나는, 미국 16대 대통령 에이브러햄 링컨(1809~1865)의 말이다.

"넘어졌다고 의기소침할 것까지야 없다. 진정으로 중요한 것은, 그다음에 어떻게 일어서는가이다."

"내가 내 자신을 자랑스럽게 여기는 것은,
홈런이나 안타를 많이 친 것이 결코 아니다.
셀 수 없을 정도로 시합에서 지고 바닥 모를
슬럼프가 왔어도 그때마다 포기하지 않고 다
시 일어섰다는 것, 이게 나의 자랑이다."

_ 스탠 뮤지얼

세상의 모든 현상을
설명하는 곡선

이항분포와 정규분포

∴ 동전던지기 결과는 '이항분포'

세상에서 벌어지고 있는 특정한 일이나 현상을 수집하고 관찰해보면 그것
들이 일정한 형태로 분포하고 있음을 알 수 있다. 예를 들어, 동전을 열 번
던질 때 그중에서 앞면이 한 번 나오게 될 확률이나 아니면 두 번 나올 확
률처럼, 앞면이 나올 횟수의 확률을 통계적으로 분석해서 그래프로 그려

보면, 한눈에도 알아보기 쉬운 산 모양이 나타난
다. 이처럼 확률 p을 n회 실시해서 r회 나올
확률 분포를 '이항분포'
라고 한다. 1개의 동전을

[동전을 10번 던졌을 때 앞면이 나올 확률]

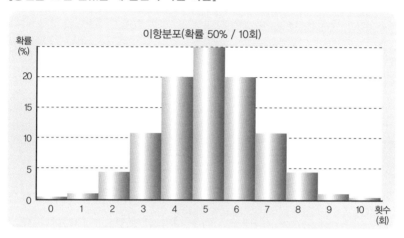

던져서 앞면이 나올 확률인 50%를 10회 실시했을 때 앞면이 5번 나올 확률은 약 25%이다.

∴ 공부를 안 해도 정답을 맞힐 확률이 최소 50%?

이항분포는 동전던지기에서처럼 '앞면이 나온다', '앞면이 나오지 않는다'는 식으로, 달리 말하면 '모' 아니면 '도'라는 양자택일 상황을 보여주는 확률 분포이다.

　동전던지기의 예가 이해가 잘 안 되면, ○× 문제나 선택지 2개 중에서 1개를 고르라는 문제를 떠올리면 이해하기가 쉽다. ○× 문제 10개를 모두 생각나는 대로 추측해서 답을 써냈다고 해도(시쳇말로, '답을 그냥 찍었다'고 해도) 그중에 다섯 문제가 맞을 확률은 24.6%나 된다. 더욱이 10개의 문항 중 6개 문항의 답을 맞힐 확률은 20.5%, 7개 문항은 11.7%, 8개 문항은 4.4%, 9개 문항은 1.0%, 10개 문항 전부를 맞힐 확률은 0.1% 등으로 나타난다. 이상을 모두 합하면, 다섯 문항 이상 정답을 맞힐 확률은 대략 62%에 이른다.

∴ 매끄러운 곡선으로 나타나는 '정규분포'

중학교 1학년 남학생을 대상으로 키 높이를 잰다고 하자. 예를 들어 160cm 이상에서 162cm 미만처럼, 2cm 간격으로 각각에 해당하는 학생의 수를 막대그래프로 표시하면 하나의 커다란 산 모양으로 나타난다. 대상 학생의 수를 늘리고, 키 높이의 간격도 좀 더 자세하게 나누면, 그 전보다 더욱 매끄러운 곡선에 가까운 모양의 산 모양이 나타난다. 이 같은 분포를

[동전을 1000회 이상 던졌을 때 앞면이 나올 확률]

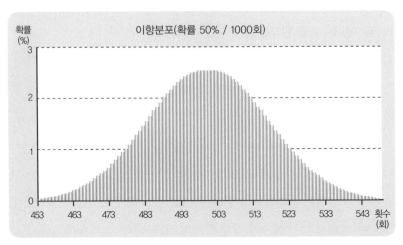

'정규분포'라고 한다. 그런데 세상의 다양한 집단이나 수없이 벌어지는 일들을 살펴보면 정규분포로 나타나는 것들이 의외로 많다.

앞에서 설명한 이항분포 역시 횟수를 늘리게 되면 정규분포에 가깝게 나타난다. 정규분포란 평균치를 중심으로, 평균치에서 멀어질수록 그 수가 적어지는 것을 표시한 것이다. 사람의 키를 예로 든다면, 중학교 1학년 남학생의 평균 신장 주변에 사람들이 가장 많이 분포하고, 평균 신장에서 멀어질수록 그 숫자가 점점 줄어드는 것이다. 그런데 정규분포로 나타난 데이터라고 해도 저마다 그래프 모양이 다르게 나타난다. 그래서 이들을 동일한 하나의 기준에 따라 변환한 것이 '표준정규분포'이다.

어떤 테스트를 많은 사람들이 받았다고 했을 때, 그 결과도 정규분포 형태로 나타날 경우가 많다. 그런데 테스트의 점수를 비교하기 위해서 점수용 표준정규분포로 변환한 것이 바로 '편차치'이다. 이 경우 편차치 50을 평균점으로 한다(한국 고등학교의 경우, 성적 평균이나 내신등급이 여기에 해당한다 _옮긴이). 데이터의 결과가 정규분포로 나타난다는 것을 알 수 있으면, 각 부분의 비율을 쉽고 간단하게 얻을 수 있다.

CHAPTER

03

설득의 수

RULE
22

매출과 상품 가짓수는
비례한다?

선택 항목 삭감 법칙

∴ **흥미로운 잼 연구**

사람들은 보통 선택 사항이 많을수록 좋다고 생각한다. 어쨌거나 '선택의
자유'가 많다는 것은 좋은 것이고, 반대로 '선택의 여지가 없다'는 것은 좋
지 않다고 생각하기 때문이다.

그런데 선택 항목이 많은 것이 반드시 좋은 것만은 아니라는 사실을 밝
힌 연구 사례가 있다. 1995년 미국 컬럼비아대학교 사회심리학 교수인 시
나 아이엔거가 발표한 이른바 '잼 연구'가 바로 그것이다.

아이엔거에 따르면, 다양한 상품을 판매하는 슈퍼마켓의 식품매장에서
식용 잼을 시식하는 실험을 했다. 먼저, 잼이 들어 있는 24개의 병을 나란

히 진열해놓고 매장을 찾은 손님들에게 시
식을 실시했다. 그다음에는 병의 수를 줄여
서, 6개의 병을 진열해놓고 같은
방법으로 시식을 실시했다. 이 두
가지를 몇 시간마다 교대로 실시

했고, 그에 따른 고객의 반응과 구매 상황을 조사했다.

조사 결과는 다음과 같았다.

- 잼이 6종류일 때 고객이 모여든 비율 : 40%
- 잼이 24종류일 때 고객이 모여든 비율 : 60%

잼의 종류가 많았을 때 시식대 앞에 줄을 서는 고객의 비율이 높은 것으
로 나타났다. 잼의 병이 많든 적든 시식대에 줄을 서는 매장의 고객은 평균
2종류의 잼을 시식했다.

시식에 참여했던 고객에게 유효기간이 1주일인 1달러짜리 쿠폰을 지급
했다. 잼의 종류가 6종류였을 때와 24종류였을 때를 구분하기 위해서 고객
에게는 각각 다른 쿠폰이 지급됐다. 쿠폰을 받은 고객의 대부분은 당일 잼
을 사기 위해서 쿠폰을 사용했다.

시식 코너 장소와 떨어진 다른 곳에서 잼을 팔았기 때문에 쿠폰을 지급
받은 고객들은 별도의 매장으로 가서 잼을 골라 구매해야 했다. 실험 결과
는 예상과 다르게 나타났다. 잼을 사는 데 고객이 사용한 쿠폰을 모아보니,
결과는 다음과 같이 나타났다.

- 잼이 6종류였을 때 제품 구매율 : 30%
- 잼이 24종류였을 때 제품 구매율 : 5%

구입한 사람의 숫자도 잼이 6종류밖에 진열이 안 되었을 때가, 24종류가 진열되었을 때보다 6배 이상이나 많은 것으로 나타났다. 잼을 24종류나 진열했을 때 시식대 앞에 줄을 서는 손님의 비율은 6종류였을 때보다는 높았지만, 실질 구매율은 전혀 다르게 나타났던 것이다. 요컨대, 선택 항목이 너무 많다 싶으면 오히려 어찌할 바를 모르는 사람이 그만큼 많았던 것이다. 그리고는 끝내 어떤 선택도 하지 못하게 된 것이다.

게다가 너무 많은 상품을 진열하면 전문성과 신뢰성을 떨어뜨릴 수도 있다. 담당 직원은 매장 안에 비치된 다양한 상품의 특장점을 서로 비교해서 설명할 수 있을 정도로 충분히 숙지하고 있어야 하고, 재고 관리와 분류에도 각별히 신경을 써야 한다. 만약 고객에게 상품에 대한 정보를 혼동해

선택 항목이 지나치게 많으면 오히려 자유로운 선택을 방해하기도 한다.

서 잘못 전달하면 신뢰를 잃을 수도 있다. 음식점의 경우도 마찬가지다. 메뉴판에 음식의 종류가 지나치게 많은 곳일수록 고객은 음식 맛이 별로라고 생각하기 쉽다. 소문난 맛집일수록 메뉴가 간단한 데는 다 그만한 이유가 있는 것이다.

∴ 선택할 게 너무 많아도 문제다

시식대 앞에 선 고객을 관찰해보니, 잼이 24종류일 때에는 살까말까를 망설인 끝에 결국 잼을 사지 않고 그냥 매장을 떠난 경우가 많았다. 반면에 잼이 6종류였을 때에는 살 건지 말 건지를 결정하고는 잼을 사는 고객이 많았다.

이와 같은 결과는 다른 상품의 사례에서도 확인되었다. 미국에 본점을 두고 있는 세계적인 생활용품 제조업체 그룹인 P&G는, 매장 진열대에 놓인 상품의 종류를 24종류에서 15종류로 줄였다. 그러자 상품 매출액이 10% 이상이나 올랐던 것이다.

이렇듯 선택 항목을 줄이는 방법을 써서 선택이나 구매 의사가 효과적으로 촉진되는 현상을 이해할 때 활용되는 것이 '선택 항목 삭감 법칙'이다.

어떻게 이런 현상이 나타날 수 있을까? 선택 항목이 너무 많아서 당황했던 경험이 누구에게나 한두 번쯤은 있을 것이기 때문에, 그때의 일을 떠올리면 어렵지 않게 이해할 수 있을 것이다.

선택 항목이 많으면, 사람들은 일반적으로 정신적 스트레스를 느끼게 된다. 바꿔 말해서, 혹시 내가 잘못된 선택을 할지도 모른다는 공포를 느끼는 것이다.

한편, 사람은 한 번에 기껏해야 5가지에서부터 7가지까지 정보밖에 처리하지 못한다는 '매직넘버 7 법칙'도 '선택 항목 삭감 법칙'과 같은 맥락으로 이해할 수 있다(235쪽 참조).

∴ 선택 항목을 5개 내외로 조절하라

선택 항목이 많으면 오히려 자유로운 선택을 방해하기도 한다. 하지만 설령 그렇다고 하더라도 선택 항목이 적은 것이 무조건 좋다는 말은 아니다. 인터넷쇼핑몰이 지닌 장점 중에서 가장 눈에 띄는 것은 취급하는 상품이 많다는 것이다.

앞에서 살펴본 '롱테일 법칙'(26쪽)은 팔리지 않는 상품들까지 어떻게 팔 것인가에 관한 전략이다. 그때 실시하는 효과적인 방법 가운데 하나가 '추천 기능'이다. 추천 기능은 쇼핑몰 측에서, 쇼핑몰 이용자가 좋아하는 것으로 추정되는 상품을 이용자의 데이터로부터 자동으로 뽑아내는 것이다. 이 기능에 따라 쇼핑몰 이용자에게 게시되는 상품의 수는 한 번에 5개 내외이다. 요컨대 선택 사항이 많을 때에는 그것을 '어떻게 보여줄지'가 핵심적인 사항이 되는 것이다.

예를 들어, 100가지가 넘는 와인을 그저 단순하게 진열해 놓는다면 와인 소비자 입장에서는 조금은 당황스럽기까지 할 것이다. 하지만 와인의 특성별로 여러 그룹으로 나눠 진열해놓는다면, 소비자는 다양한 와인들 중에서 원하는 것을 쉽게 고를 수 있다.

즉, 먼저 레드와인과 화이트와인으로 양분한다. 다음, 둘로 나눈 와인들을 각각 특징이나 가격에 따라서 다시 5개 내외로 구분해 놓는다. 이렇게 해놓으면 고객은 진열대에 그룹별로 놓인 와인들을 대략 5회 정도 훑고서는, 본인이 원하는 와인을 손쉽게 선택해서 구매할 수 있다.

어찌됐건 선택의 폭이 늘어난다는 것은 소비자에게는 좋은 일이다. 지나치지 않게 적절한 가짓수를 산정해 진열과 분류 방식에 심혈을 기울인다면 말이다.

셀 수 없을 만큼 종류가 다양한 와인의 경우, 어떻게 분류해서 진열하느냐가 판매를 촉진하는 관건이 된다.

사람들은 가장
마지막에 본 숫자의
영향을 받는다

앵커링 효과

∴ **가격표에 적힌 숫자의 함정**

할인판매점에 가면 눈에 가장 많이 띄는 것이 할인가격표다. 즉 '정가 28000엔→특별가 15000엔!'이라고 적힌 표지판이 유달리 눈에 들어온다. 매장이 구사하는 이런 상술은, 먼저 28000엔이라는 가격을 보고나서, 15000 엔이라는 가격을 보면 싸다고 느끼는 소비자의 심리를 이용한 것이다.

가격표에 적힌 정가에는 굵은 선이 엑스로 찍 그어져 있고, 그 아래에는 인하된 가격이 적혀 있다. 이것을 보면 누구나, '어라, 이렇게나 싸?'라는 느낌을 갖게 될 것이다. 인지상정이다.

또한, 가격이 10000엔 정도 하는 시계를 구경하고 난 후에 100000엔짜리 시계를 보게 되면, 100000엔짜리 시계가 끔찍하게 비싸다고 느껴질 것이다. 하지만 300000엔이나 되는 고가의 명품시계를 보고난 후에 100000엔짜리 시계를 보게 된다면, 100000엔짜리 시계도 매우 싼 시계로 느껴질 것이다.

판매자가 가격표에 정가와 할인가를 함께 적어 놓는 것은, '앵커링 효과'와 '콘트라스트 효과'를 동시에 노린 것이다.

∴ 가격과는 관계가 없더라도 숫자의 영향을 받는 이유는?

왜 이런 심리가 나타나는 것일까? 한마디로 말하면, 가장 마지막에 보았던 숫자의 영향을 받는, 이른바 '앵커링 효과'가 작동하기 때문이다.

앵커(anker)는 배가 항구에 정박할 때 사용하는 것, 즉 닻을 가리킨다. 닻이 배를 계속 정박할 수 있도록 붙들어 매는 것처럼, 방금 전에 보았던 정보가 사라지지 않고 머릿속에 남아 계속해서 영향을 미치는 심리 현상을 '앵커링 효과'라고 부른다.

백화점 1층 매장 출입구 가까이에 이른바 명품 코너를 설치하고 값비싼 상품을 진열하는 것도 이 때문이다. 마찬가지로, 벼룩시장에서도 처음에는 높은 가격을 써서 상품을 전시해 놓고서는 손님과 흥정을 할 때에는 가격을 낮춰 부른다. 이렇게 되면 손님은 상당히 싼 가격으로 물건을 산 것 같은, 한마디로 본인이 이득을 본 것 같은 느낌을 가지게 되는 것이다. 인터넷쇼핑몰에서도 "정가가 □□엔인 책을 특별히 ▽▽엔에 팔고 있습니다"

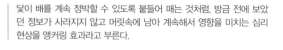

닻이 배를 계속 정박할 수 있도록 붙들어 매는 것처럼, 방금 전에 보았던 정보가 사라지지 않고 머릿속에 남아 계속해서 영향을 미치는 심리 현상을 앵커링 효과라고 부른다.

라는 선전 문구를 구사하는 예를 자주 접할 수 있다.

재미있는 것은, 방금 전에 본 숫자가 상품의 판매 가격과는 관계가 없음에도 불구하고 그 숫자의 영향을 받는다는 것이다.

예를 들어, 각각 '100', '3000'이 적힌 2장의 카드에서 1장을 뽑는다고 하자. 뽑아든 카드의 숫자를 본 후에 상품의 가격을 예측하는 실험을 하면, '100'을 본 사람보다 '3000'을 본 사람의 예상가격이 평균적으로 높게 나온다.

∴ 값비싼 상품을 '싸다'고 느끼게 만드는 방법

'앵커링 효과'와 비슷한 것으로, '콘트라스트(contrast) 효과'가 있다. 단어 뜻 그대로 둘 이상을 비교한 뒤에 어느 한쪽을 싸게 또는 비싸게 느끼도록 하는 것이다. '콘트라스트 효과'는 원래 감각 전체에 해당된다고 할 수 있다. 예를 들어, 뜨거운 물이라고 해도 차가운 물에 손을 넣고 난 후에 뜨거운 물에 손을 넣으면, 뜨겁다기보다는 따뜻하게 느껴지는 것도 바로 이 '콘트라스트 효과'로 설명할 수 있다.

앞에서 소개한 시계의 예를 가지고 좀 더 설명한다면, 100000엔짜리 옆에 진열된 10000엔짜리 시계가 많이 싸다고 생각하는 것이다. 하지만 10000엔짜리 시계는 결코 싼 가격이 아니다. 가격표에 원래의 정가와 할인 가를 함께 적어 놓는 것은, 바로 이 앵커링 효과와 콘트라스트 효과를 동시에 노린 것이라고 할 수 있다.

집이나 자동차처럼 몇 백만 엔에서 몇 천만 엔에 이르는 값비싼 물건을 살 때에는, 보통의 경우라면 비싸다고 느꼈을 몇 만 엔짜리 옵션 상품도 싸다고 느껴서 여러 개를 함께 구매하는 것도, 이 효과에 따른 현상으로 설명할 수 있다.

레스토랑에서 식사를 주문할 때에도, 'A코스 2000엔, B코스 1500엔'이라고 적힌 메뉴판을 보면, '콘트라스트 효과'에 따라서 B코스를 저렴한 것으로 여기기 쉽다. 실제로 이렇게 적힌 메뉴판을 보면 가격이 싼 쪽을 주문할 때가 많다.

보수적인 것이
가장 잘 팔리는 이유

타협 효과

∴ 상품 진열에 숨겨진 비밀

'앵커링 효과'(124쪽)에서 말한 레스토랑 메뉴판인 'A코스 2000엔, B코스 1500엔'에다가 그보다 가격이 높은 코스 요리를 하나 더 추가해보자. 예를 들면, 'A코스 2500엔, B코스 2000엔, C코스 1500엔'이라고 적힌 메뉴판이 있다고 하자. 그러면 이번에는 3가지 메뉴 중에서 최저가인 C코스가 아니라 가운데인 B코스를 선택하는 경우가 많아진다. 가격이 최저가보다 500엔이나 비싼데도 말이다.

　이런 현상을 두고 '극단의 회피성' 또는 '타협 효과'라고 부른다. 사람들에게는 양쪽의 극과 극을 피하려는 성향이 있기 때문이다. 그 결과 한가운

소비자의 시선은 늘 고가의 상품을 향하고 있지만, 그들의 신용카드는 이성을 잃지 않고 타협할 줄 안다. 영화 〈티파니에서 아침을〉 중 한 장면.

데에 있는 것이 상대적으로 잘 선택되는 것이다.

　백화점의 매장마다 진열된 상품을 유심히 살펴보면 가장 잘 팔리는 상품이 항상 가운데에 놓여 있음을 알 수 있다. 재미있는 사실은 가운데 진열된 상품은 가격이든 디자인이든 크기든 대체로 보편적이고 무난한 것들

일색이다. 사람들은 너무 튀거나 고가이거나 지나치게 크거나 작은 상품보다는 항상 그 중간 것을 선호한다.

∴ 너무 비싸지도 싸지도 않은

가운데에 가장 잘 팔리는 것을 진열하는 방식은 영업 매장에서 자주 사용하는 고전적인 '트릭'의 하나라고 할 수 있다. 특히 가격에 있어서 소비자들의 보수성은 도드라지게 나타난다. 소비자들이 지나치게 비싼 것도 싫어하지만 그렇다고 상대적으로 가장 싼 것에 대해서도

메뉴판에서 값비싼 코스 요리가 가장 먼저 등장하는 것은 그다음 등장하는 요리의 값을 저렴하게 느끼도록 하기 위함이다.

거부감을 느끼는 심리를 노리는 것이다. 이러한 소비자들의 태도는, 가격이 가장 싼 것을 고르는 것을 다소 쑥스러워하는 허영심 때문이거나(133쪽 '베블런 효과' 참조), 아니면 싼 것은 품질이 좋지 않을지도 모른다는 선입견이 작용한 결과일 수도 있다.

　요컨대, 판매점으로서는 가장 많이 팔고 싶은 가격의 품목을 한가운데에 배치한 진열을 해두면 효과를 볼 가능성이 높다. 예를 들면 음식점에서 소나무 코스, 대나무 코스, 매화 코스 또는, 특상, 상, 보통 등 식사 메뉴들이 3가지 이상 마련하는 것도 그 때문이다. 소비자들은 이래저래 메뉴판을 훑다가, "대나무 코스 요리로 주세요"라고 본인도 모르게 주문하는 것이다.

RULE
25

잘 팔려서 베스트셀러일까,
베스트셀러라 잘 팔리는 걸까?

밴드웨건 효과

∴ 잘 팔리기 때문에 많이 팔린다?!

생산과 소비의 관계는 자석의 플러스와 마이너스 같다. 소비를 하지 않으면 생산 자체가 무의미하고, 소비를 위해서는 그만큼의 생산이 전제되어야 한다. 생산자인 기업이 소비에 지대한 관심을 기울이는 것은 당연한 일이다. 기업마다 소비 패턴과 트렌드를 분석하는 연구에 막대한 지원을 아끼지 않는다. 그 덕택에 소비행위를 설명하는 다양한 이론이 끊임없이 출현하고 있는데, 특히 '밴드웨건 효과', '스놉 효과', '베블런 효과' 등이 유명하다. 그 가운데 미국의 경제학자 하비 라이벤슈타인(1922~1994)이 발표한 '밴드웨건 효과'는 매우 흥미롭다.

　밴드웨건(bandwagon)이란 한 무리의 악단을 맨 앞에서 이끄는 차를 뜻
한다. 라이벤슈타인은 유행하고 있거나 잘 팔리고 있는 것일수록 소비자의
선택을 많이 받는 현상을 설명하는 데 밴드웨건에 비유했다. 곡예나 퍼레
이드의 맨 앞에서 행렬을 선도하는 악대차(樂隊車)가 사람들의 관심을 끄
는 효과를 내는 것을 빗대어 설명한 것이다. "아직도 ○○을 모르십니까"란
광고 문구는 바로 '밴드웨건 효과'를 노린 것이다.

　'밴드웨건 효과'를 설명하는 데 빠지지 않고 등장하는 게 책 광고다. 서
점에서 '베스트셀러!', '50만 부 판매 돌파!'라는 광고 표지판이 독자의 손
길을 더 붙잡아 높은 판매고를 올리는 데 효과를 발휘하기 때문이다.

　또한 점포가 크든 작든 매장 앞에 물건을 사려는 소비자 행렬이 생기는
것도 '밴드웨건 효과'를 설명하는 단적인 예이다. 가게 앞에 소비자들이 길
게 줄을 서고 있다는 것은 그곳에서 파는 물건이 인기 있다는 것이라고 생

각하면서, 길을 가던 사람들도 물건을 구경하기 위해서라도 매장 안으로 더 모여드는 것이다. 인기가 있거나 유행을 하거나 아니면 잘 팔리고 있는 것에 대해서는 본인 말고도 많은 사람들이 선호하는 제품이라며 안심을 하고 신뢰감을 느끼기 때문이다.

∴ 유행을 이끄는 소비 효과 3종 세트

'밴드웨건 효과'가 설명하는 현상과는 반대로, 현재 유행하고 있는 것이나 불티나게 팔리고 있는 것에 대해서 일종의 저항감을 느끼는 사람들도 있다. 다른 사람과 비슷하게 보이는 것이 싫다는 심리가 작동해서 물건 구매가 줄어들기도 한다. 이런 현상을 가리켜 '스놉 효과'라고 한다. 이 역시 라이벤슈타인이 제시한 이론이다. 여기서 '스놉'(snob)이란 속물을 뜻한다.

'밴드웨건 효과'로 설명되는, 잘 팔리고 있던 상품이 어느 시기가 지나면 전처럼 팔리지 않게 되는 것을 라이벤슈타인은 '스놉 효과'를 들어 설명한 것이다.

한편, 다른 사람과 같은 제품을 쓰는 것은 싫다는 소비심리 때문에, 희소가치가 있는 것을 찾거나 가격이 비쌀수록 매력을 더 느끼고 그 제품을 선택하는 소비 현상도 유명하다. 미국의 경제학자 소스타인 베블런(1857~1929)이 처음 제시했기 때문에, 이를 가리켜 '베블런 효과'라고 부른다.

본인이 다른 사람과는 다르다는 것을 과시하고 싶다는 심리 때문에 가격이 비쌀수록 그 물건을 사려는 사람들이 있다. 게다가 가격이 비쌀수록 품질이 좋을 것이라는 선입견까지 작동한다. 값비싼 명품 브랜드의 인기가 높은 것도 '베블런 효과'로 설명되곤 한다.

또한 상품의 희소성을 대대적으로 광고하는 제조업체 측의 마케팅 수법도 '베블런 효과'의 일환이다. 제품의 수량이나 판매 기간, 판매 지역 등을 한정해서 소비자의 구매 의욕을 한층 자극하는 것이다.

재미있는 사실은 '밴드웨건 효과'와 '스놉 효과', '베블런 효과'는 서로 상승 작용을 일으킨다는 것이다. '스놉 효과'와 '베블런 효과'가 나타나면, 그 결과 뭔가 다르다는 것에 매력을 느끼고 화제의 대상이 돼서 '밴드웨건 효과'를 촉발시키는 것이다.

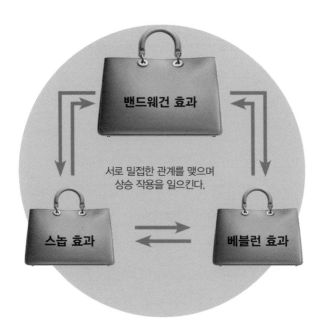

이익보다 손해가
오래 기억에 남는 이유

프로스펙트 이론

∴ 손해만 생각하면 잠도 오지 않는 이유

오래전 도쿄 간다 거리에 있는 중고서점에
책을 사러 갔을 때의 일이다. 여러 서점을
돌아다니다가 사고 싶은 책이 눈에 띠자마
자 바로 그 책을 샀다. 책의 정가는 2500엔
이었는데 중고가로 1000엔에 살 수 있었
다. 정가에 비해 1500엔이나 싸게 사서 그
만큼 이득을 본 것이나 다름없었다.

그런데 다른 서점에 가보니 방금 전에

사람들은 이익의 달콤함보다는 손해의 씁쓸
함을 더 오래 기억한다. 그렇기 때문에 이익
과 손해의 갈림길에서 이익이 어느 정도 보장
되지 않으면 손해가 제로인 쪽을 선택한다.

샀던 책과 똑같은 책이 500엔에 팔리고 있었다. 그러자 좀 전의 느낌과는 달리 이번에는 손해를 봤다는 생각이 들었다. 방금 전에 1500엔 이득을 봤다는 기분보다도 바로 지금 500엔을 밑졌다는 생각이 더 크게 든 것이다.

비슷한 경우로, 같은 금액의 급여를 받더라도 예를 들어 100만 엔에서 110만 엔으로 늘어났을 때보다 120만 엔에서 110만 엔으로 줄어들었을 때 110만 엔의 가치가 더 낮게 느껴진다.

이처럼 사람에게는, 뭔가를 얻었을 때의 기쁨보다도 손해를 당했다는 억울함을 더 크게 느끼는 성향이 있는데, 이것을 '손실회피성'이라고 한다.

∴ 이익을 기대하기보다는 손해를 우려하는 경향이 크다

손실회피성은 1979년경 이스라엘 출신 행동경제학자인 다니엘 카너먼과 에이모스 트버스키(1937~1996)가 제시한 이론이다. 이들은, 합리적이라고 해서 사람들이 반드시 그것을 선택하는 것이 아니라는 주장을 펴면서 그것을 '프로스펙트 이론'이라고 명명했다. '프로스펙트'(prospect)란 '기대',

| 다니엘 카너먼

'가망', '전망'을 뜻하는 단어로, 불확실한 상황에서 내린 선택이 어떤 기대효용을 올릴 수 있는지에 대한 인간의 심리를 경제학의 모형으로 풀어내면서 연구논문의 명칭으로 쓰이게 됐다. 카너먼은 '프로스펙트 이론'의 공적을 높게 평가받아 2002년 노벨경제학상을 수상하기도 했다(트버스키는 1996년 세상을

떠서 수상자 명단에 오르지 못했다).

'프로스펙트 이론'에 기초해서 손실회피성을 설명하는 예로는, 다음과 같은 질문이 자주 인용된다. 당신이라면 아래 2개의 선택 항목 중에서 어느 것을 고르겠는가?

[질문1]
성공보수로서 직원에게 특별보너스가 지급될 때 다음 중 어느 것을 선택하겠는가?
A. 모든 직원이 5000엔을 받는다.
B. 동전던지기를 해서 앞면이 나오면 1만 엔을 받지만, 뒷면이 나오면 한 푼도 받지 못한다.

[질문2]
벌금을 내게 되는 경우에 다음 중 어느 것을 선택하겠는가?
C. 모든 직원이 5000엔을 낸다.
D. 동전던지기를 해서 앞면이 나오면 벌금은 0엔이지만, 뒷면이 나오면 1만 엔의 벌금을 낸다.

[질문1]에서, 기대치는 A와 B가 5000엔으로 같다. 하지만 5000엔을 확실히 받을 수 있는 A를 선택하는 사람이 많을 것이다. [질문2]에서도 마찬가지다. 기대치는 C와 D가 같은 마이너스 5000엔이지만, 5000엔을 확실하게 손해를 보는 C보다도 손해를 보지 않을 가능성이 50%인 D를 선택하는 사람이 많을 것이다.

[프로스펙트 이론이 설명하는 이익과 손해와의 관계]

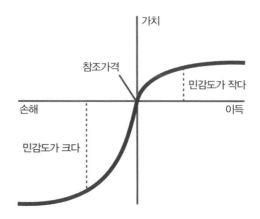

[질문1]에서 결과를 100% 확신할 수 있는 A를 선택한 사람은, [질문2]에서도 5000엔만 손해를 보게 되는 C를 선택할 것이라고 예측할 수 있지만, 실제로는 손해를 피해갈 수도 있는 D를 선택하는 경우가 많다.

요컨대 이익을 얻을 수 있는 경우에는 이익을 확실하게 얻는 쪽을 선택하지만, 손해를 볼 경우라면 이익이 제로가 되더라도 어떻게든 손해를 피하는 쪽을 선택한다.

손해 쪽이 이득 쪽보다 큰 포물선을 그리는 것은, 사람이 손해를 보는 것에 민감하기 때문이다. 또한 이익과 손해가 커짐에 따라, 즉 그래프에서의 곡선이 수평에 가까워질수록 그 체감 정도가 둔해지게 되는 것을 알 수 있다.

∴ 작은 차이에는 민감해 하면서도 큰 차이에는 둔감해지는 심리

'프로스펙트 이론' 가운데 한 가지 더 흥미로운 연구 결과가 있다. 사람들은 이익이나 손실이 늘어날수록 그 정도에 대해서 둔감해진다. 이것을 가리켜 '민감도 체감성'이라고 한다. 여기서 체감(遞減)이란 조금씩 줄어든다는 뜻이다.

예를 들어, 집에서 가까운 곳에 있는 슈퍼마켓에서 생활용품을 살 때에 100엔과 110엔의 가격 차이를 민감하게 느끼는 사람이라도, 10000엔과 10010엔의 가격 차이는 대수롭지 않게 생각한다는 것이다. 이런 현상은 도박을 할 때도 나타난다. 처음에는 1000엔 단위의 손실도 크다고 느낀다. 하지만 10000엔, 20000엔을 잃게 되면 1000엔 정도를 잃은 것은 별 대수롭지 않게 느끼는 것이다.

마치 1000엔짜리가 100엔짜리 동전처럼 느껴지고, 10000엔이 1000엔 정도로밖에 느껴지지 않는 것이다. 손실에 대한 감각이 어느새 둔해지는 것이다.

반대로, 이익에 대해서도 같은 얘기를 할 수 있다. 처음에는 1000엔만 손에 들어와도 감지덕지했던 사람이, 금액이 커질수록 1000엔 정도에는 그렇게까지 커다란 감흥을 느끼지 않게 되는 것이다.

RULE
27

질문 방법에 따라서
답변이 180도
달라질 수 있다

프레이밍 효과

∴ **결국 같은 내용인데……**

질문하는 방법이나 말투를 어떻게 하는가에 따라서 상대방의 선택이나 판단 또는 인상이 바뀌는 경우가 종종 있다.

예를 들어, 병원에서 환자가 의사로부터 "이 수술이 성공할 확률은 90%입니다"라는 말과, "이 수술로 목숨을 잃을 가능성은 10%입니다"라는 말을 들었다고 하자. 확률로는 같은 뜻인데도, 의사가 말하는 방법에  따라서 환자가 받아들이는 반응은 크게 달라진다.

아래 2개의 선택지를 비교해보자.

■ A. 이 작전을 실시하면 30명의 병사가 목숨을 구할 수 있다.

■ B. 이 작전을 실시하면 90명의 병사 가운데 살아남을 수 있는 확률은 3분의1이다. 하지만 90명 전원이 목숨을 잃을 수 있는 확률은 3분의 2이다.

A와 B는 모두 확률적으로 같은 내용을 담고 있다. 하지만 전해지는 인상은 전혀 다르다. 그런데 30명이 살 수 있다는 표현 때문에 많은 사람들은 A를 선택한다.

그렇다면 다음과 같은 경우에는 어떻게 될까?

■ C. 이번 작전을 실시하면 60명의 병사가 목숨을 잃을 것이다.

■ D. 이번 작전을 실시하면 90명의 병사 전원이 목숨을 구할 확률은 3분의1이다. 하지만 90명의 병사 전원이 목숨을 잃게 될 확률은 3분의2이다.

여기서도 확률적으로는 같은 내용을 말하고 있다. 하지만 60명의 병사가 목숨을 잃는 것이 확실하다는 표현이 들어 있는 C를 피하게 되고, D를 그보다 나은 선택이라고 생각하는 사람들이 많다. 이처럼 같은 사건이나 상황임에도 불구하고 숫자의 표현 방식에 따라 개인의 판단이나 선택이 달라질 수 있는데, 이를 가리켜 '프레이밍 효과'라고 부른다. 즉, 숫자의 표현 방식에 따라 이에 반응하는 '생각의 틀'(프레임, frame)이 바뀔 수 있다는 것이다.

∴ 생각의 틀을 흔드는 숫자

한 가지 더 재미있는 사례를 들어보자. 슈퍼마켓이 실시하는 고객 서비스 중에, "50명 중에서 1명에게는 무료입니다"라는 이벤트와, "모든 상품에 대해서 2% 할인해 드립니다"라는 이벤트가 있다고 하자.

소비자들은 이 두 가지 중에서, "50명 중에서 1명에게는 무료입니다" 이벤트 쪽에 더 많은 관심을 기울일 것이다. 자신이 50명 중에 1명이 될 수도 있다는 생각 때문이다. 그런데 50명 중에서 1명에게 무료로 주는 것이나, 모든 상품에 대해서 2% 할인을 하는 것이나, 이 둘의 이벤트에는 실질적으로 같은 비용이 든다. 서비스를 제공하는 매장 측으로서는 이 두 개의 이벤트는 같은 것이다. 다만 이벤트 표현 방식만 다를 뿐이다.

이처럼 같은 숫자를 전달하더라도 그 표현 방법을 다르게 하면 받아들이는 쪽에서도 다른 인상을 받을 수 있다. 숫자를 전달하려고 할 때에는 이런 점에 주의를 기울일 필요가 있다. 이와는 반대로, 숫자를 받아들이는 쪽에서는 전달하는 쪽의 표현 방법에 현혹되지 않도록 주의해야 한다. 숫자의 표현 방식에 따라 그것을 받아들이는 생각의 틀이 달라져 그릇된 판단을 할 수도 있기 때문이다.

같은 사건이나 상황임에도 불구하고 숫자의 표현 방식에 따라 개인의 판단이나 선택이 달라질 수 있다.
즉, 숫자의 표현 방식에 따라 이에 반응하는 '생각의 틀'(프레임, frame)이 바뀔 수 있다는 것이다.

충동구매의 쾌락과
이성적 소비의 판단력 중
누가 더 센가?

선호역전 법칙

∴ 눈앞의 이익을 좇는 현상

급여 수준이 각각 10만 엔과 11만 엔이 제시될 때, 어느 것을 선택할 것인가라고 물으면 누구라도 11만 엔을 선택할 것이다. 그런데 여기에 조건이 있다고 하자. 급여를 받을 때가, '지금 당장이라면 10만 엔인데, 1년 후라면 11만 엔이 된다'라는 말을 듣는다면, 둘 중에 어떤 것을 선택할까? 대부분의 사람은, 나중이 아니라 지금 당장 10만 엔을 받는 쪽을 선택하지 않을까 싶다.

그런데 '1년 뒤라면 10만 엔이지만, 1년 1개월 후부터는 11만 엔을 받는다'고 한다면, 이번에는 1년 1개월 후부터 11만 엔을 받는 쪽을 선택하겠다는 사람이 많을 것이다.

　이처럼 조건에 따라서 선택이 바
뀌는 것을 '선호역전'이라고 한다. 바
꿔 말하면, 사람은 눈앞의 이익을 좇
아 그것을 선택할 때가 많은 것이다.

　게다가 위의 예와 같은 경우라면
시간이 지남에 따라서 이익이 줄어

드는 것처럼 느끼기 때문이다. 지금 받게 되는 10만 엔보다 1년 후에 받게
되는 11만 엔의 가치가 더 낮다고 보는 것이다. 즉, 1년 후에는 상황이 어떻
게 바뀔지 모른다. 최악의 경우에 이 세상 사람이 아닐지도 모른다는 생각
에서 당장 눈앞의 이익을 선택하는 사람도 있을 것이다.

　하지만 1년 뒤와 1년 1개월 뒤의 선택이라고 한다면, 이 두 시기에는 시
간적인 경과의 차이가 거의 없기 때문에, 가격이 더 높은 11만 엔 쪽을 선
택하게 되는 것이다.

∴ 충동구매의 쾌락은 이성적 소비의 판단력을 잠식시킨다

시간이 지남에 따라서 본래의 가치가 줄어드는 비율을 '시간할인율'이라
고 한다. 시간이 지날수록 시간할인율은 점점 더 높아진다. 이런 이유 때문
에, 먼 미래에 큰 이익을 얻을 수 있는 상황이 온다고 하더라도 자잘하지만
지금 눈앞의 이익을 선택하는 것이다.

　'선호역전 법칙'과 '시간할인율'은 마케팅에서 충동구매를 설명할 때 자

충동구매를 부추기는 판매 전략은 장기적으로 봤을 때 판매자에게도 그다지 바람직하지 않다. 충동구매한 물건의 만족도는 크게 떨어지는 경우가 많다. 소비자로서는 당연히 충동구매한 매장에 대한 기억이 좋을 리가 없다. 결국 판매자 입장에서는 고객을 잃을 가능성이 커진다.

주 등장한다. 충동구매로 이루어지는 경우는 대부분 반짝 할인이나 경품 등의 미끼들이 붙어 있을 때가 많다. 하지만 아무리 반짝 할인 조건이 매력적이라 해도 구태여 지금 당장 필요하지 않는 물건을 충동구매 하는 것은, 나중에 사는 것보다 손해일 때가 많다. 대부분 반짝 할인 조건으로 파는 물건은 시간이 지나면 그것보다 더 많이 할인된 가격으로 시장에 나오기 마런이다. 판매자 입장에서 할인 이벤트를 많이 하는 물건이란 정해진 기간 안에 빨리 팔아야만 하는 것들이 대부분이다. 그 기간 안에 팔지 못하면 신상품에 밀려 재고품으로 창고에 쌓일 수 있기 때문에 판매자 입장에서는 할인 행사를 해서라도 빨리 팔아치우려는 것이다. 그러니 정해진 기간 안에 다 팔리지 못한 것은 이월상품이 되어 훗날 더 큰 폭으로 할인된 가격표를 달고 매장 안에 진열되기 마련이다. 소비자 입장에서는 조금만 참으면 크게 할인된 값으로 해당 상품을 구입할 수 있게 되는 것이다.

그런데 인간의 심리라는 게 그리 간단치만은 않다. 지금 당장 구입하지 않으면 크게 손해 볼 것처럼 떠드는 상술에 낚여 결국 충동구매를 하고 마는 사람들이 참 많다. 물론 충동구매 하는 사람들은 자신이 결코 충동적이지 않고 이성적이라고 스스로 정당화 한다. 하지만 고도의 판매 전략으로 무장한 상인들은 그렇게 생각하지 않는다. 충동구매의 덫에 걸려들었다고 여긴다. 지금 당장 충동구매해서 얻는 쾌락이 훗날 이성적 소비를 돕는 판단력을 잠식시켜 버린다는 것이다.

충동구매를 부추기는 판매 전략은 장기적으로 봤을 때 판매자에게도 그다지 바람직하지 않다. 충동구매한 물건의 만족도는 크게 떨어지는 경우가 많다. 소비자로서는 당연히 충동구매한 매장에 대한 기억이 좋을 리 없다. 결국 판매자 입장에서는 고객을 잃을 가능성이 커진다.

손해를 볼 줄 알면서도
중간에 손을
떼지 못하는 이유

매몰 비용

∴ 도중에 그만 두는 것이 좋지 않은 이유

돈과 시간과 노력을 들여 무언가를 하다 그것을 중간에 포기할까 말까 고민해본 경험을 누구나 한 번쯤은 해봤을 것이다. '매몰 비용'(sunk cost)이란, 이미 지불된 회수 불능의 비용, 시간, 노력 등을 뜻한다.

책을 예로 들어보자. 책 전체가 500페이지 분량인 소설을 2000엔에 사서 읽기 시작했다. 그런데 읽다보니 재미가 없었다. 50페이지 정도가 되자, 책을 끝까지 읽을 생각이 점점 사라지기 시작했다. 그런데 여기서 책읽기를 그만둔다면, 책값 2000엔을 손해 보는 셈이다. 이럴 때 당신이라면 어떻게 하겠는가?

'도중에 포기하는 것은 시작하지 않은 것만 못하다'는 어렸을 때부터 들어왔던 말을 떠올리며, 무슨 일이 있어도 끝내 마침표를 찍어야겠다고 생각할지도 모르겠다. 아니면, 2000엔 정도는 손해를 봐도 좋으니까 더 이상 시간을 낭비하지 않기 위해서라도 책읽기를 그만둘지도 모르겠다. 이 경우 매몰 비용은 책값 2000엔과 책 읽은 시간이 된다.

그런데 여기서 착각해서는 안 되는 것이, 앞에서 서술한 것처럼 매몰 비용은 그냥 흘려보낸 비용만을 가리키는 것이 아니라, 결과에 상관없이 어디까지나 회수가 불가능한 비용을 가리킨다는 점이다. 즉, 이미 지출된 것이 결과적으로 이득이 되는지 여부는 상관없다.

다음과 같은 경우도 생각해볼 수 있다.

- 1800엔의 입장료를 내고 본 영화에 실망했을 때
- 200엔의 대여료를 내고 본 영화 DVD에 실망했을 때
- 이미 1000억 엔의 공사비가 들어간 댐 공사 도중 완성되더라도 이익은커녕 손해가 더 커질 것으로 판단될 때

당신이 위와 같은 상황에 처했다면 어떻게 하겠는가? (물론 세 번째 경우가 가장 끔찍할 것이다.)

∴ 이미 지불한 것은 생각하지 않는다!

일반적으로는, 그때까지 사용한 '매몰 비용'이 클수록, 설령 돈을 헛되게

썼다는 점을 깨닫더라도 도중에서 하던 일을 그만두는 것에는 저항감을 느끼기 마련이다. 그런데 이미 '매몰 비용'이 발생했고, 앞으로 계속할지의 여부를 결정할 때 중요한 것은 미래에 벌어질 상황을 냉정하게 판단하는 것이다.

할지 말지를 선택할 때는 미래의 이익만을 생각하면 된다. 바꿔 말하면, 이미 지불해버려서 다시 거둬들이기가 불가능한 '매몰 비용'에 대해서는 그 액수가 많고 적음을 떠나서 앞으로의 상황을 판단해야 하는 것이다. '매몰 비용'이 많든 적든, 미래의 이익을 기대할 수 없다면 하던 일을 바로 그만두는 게 남는 장사인 셈이다.

앞에서 언급한 책의 경우, 2000엔의 책값과 그때까지 책 읽는 데 쓴 시간은 이미 지불한 것으로 생각해야 한다. 한번 엎질러진 물처럼 다시는 돌이킬 수 없기 때문이다. 그다음에는 책을 계속해서 읽는 것이 본인에게 어떤 이득이 있는지를 판단하면 된다. 중단하지 않고 책을 계속해서 읽더라도 그것이 시간 낭비일 뿐이라는 생각이 든다면 바로 중단하는 게 낫다.

십 대의 시간보다
오십 대의 시간이 더 빠른 이유

십 대 시절에는 1년이 10년 같았다. 하루빨리 어른이 되어서 내 마음 내키는 대로 살고 싶었지만 하루하루가 지루했다.

그렇게 안 가던 시간이 느릿느릿 십 대와 이십 대를 지나더니 어느 새 삼십 대를 지나 오십 대도 중간을 훌쩍 넘어섰다. 오십 대의 1년이란 세월은 십 대 시절 1년과는 비교가 되지 않을 만큼 빠르게 느껴진다.

이처럼 나이가 들수록 시간이 빨리 흐른다고 느끼는 심리 상태를 설명할 때 '자네 법칙'이 회자된다. 이것을 처음으로 지적한 프랑스의 철학자 폴 자네 (1823~1899)의 이름을 딴 것이다.

확실히 어렸을 때 1년보다는 어른이 되었을 때의 1년이 훨씬 빠르게 지나가는 것처럼 느껴진다. 자네는 그 이유를 다음과 같이 설명한다.

나이가 10살일 때의 1년이 그때까지 살아온 인생의 10분의1인 것에 비해, 50살 중년기의 1년은 그때까지 살아온 인생의 50분의1이다. 따라서 단순하게 비교하면, 나이 50살의 중년은 10살 어린아이에 비해서 1년이란 시간이 지나가는 속도를 5배나 빠르게 느낀다는 것이다.

헤밍웨이의 소설을 원작으로 한 영화
〈노인과 바다〉 중 한 장면.

CHAPTER

04

논리의 수

30

이해하는 것과
설명하는 것은 다르다

조건부 확률

∴ 처음과 마지막 당첨확률이 다르다고?

추첨권 6장 중에서 1장의 당첨권을 뽑는다고 하자. 뽑은 당첨권을 다시 제자리에 갖다놓더라도 당첨확률은 6분의1로 본래 그대로이다. 이것은 주사위를 던져서 1번이 나오는 경우와 같다. 주사위를 던져서 1번이 나올 확률은 예외 없이 6분의1이다.

그렇다면 6장 중에서 당첨권이 1장인 복권 뽑기를 6명이 한다고 했을 때 한 번 뽑은 추첨권을 제자리에 갖다놓지 않으면 어떤 상황이 벌어질까? 복권을 첫 번째 뽑은 사람과 마지막에 뽑은 사람 간에 어느 쪽의 당첨확률이 높을까?

154

이 경우에, 뽑은 추첨권을 제자리에 갖다놓지 않고 뽑기 순서대로 복권을 뽑으면 복권의 매수는 바뀌게 된다. 6장 중에 당첨권이 1장 있을 때 첫 번째로 복권을 뽑은 사람의 당첨확률은 6분의1이다. 그런데 첫 번째 사람이 물러나면 복권 매수는 5장이 된다. 따라서 두 번째로 추첨권을 뽑을 사람의 당

첨확률은 5분의1이 된다. 게다가 두 번째 사람까지 물러나게 되면 이제는 복권이 4장밖에 남지 않게 된다. 따라서 세 번째로 당첨권을 뽑을 사람의 당첨확률은 4분의1이 된다.

이런 식으로, 가장 먼저 추첨권을 뽑은 사람은 복권의 매수가 많아서 당첨되기가 상대적으로 더 어렵고, 나중에 뽑을수록 복권의 수도 줄어들기 때문에 그만큼 당첨이 쉽게 될 것 같은 기분이 든다. 그렇다면 역시 복권이나 제비뽑기를 할 때에 가장 먼저 뽑는 것보다는 맨 나중에 뽑는 쪽이 당첨되기가 쉬운 걸까?

∴ 당첨확률은 같다!

사실 누구나 이렇게 생각하기 쉽다. 하지만 여기에는 사람들이 놓치는 것이 있다. 두 번째로 복권을 뽑는 사람이 당첨되기 위해서는, 첫 번째 사람이 물러날 때 뽑은 것이 당첨권이 아니라는 전제가 깔려 있어야 한다. 첫 번째 사람이 뽑은 것이 당첨권이라면 바로 그 시점에서 두 번째 사람이 당첨될 기회는 아예 없어지게 된다. 즉, 두 번째 사람이 당첨권을 뽑기 위해

서는 첫 번째 사람이 당첨권을 뽑지 못한 상태라야 한다.

따라서 두 번째 사람이 당첨권을 뽑을 확률은, 첫 번째 사람이 당첨권을 뽑지 못한 상태에서 두 번째 사람이 당첨권을 뽑는 경우가 되는 것이다. 그렇다면, 이 확률은 여전히 6분의1이다. 이것을 수식으로 표현하면 다음과 같다.

$$\frac{5}{6} \times \frac{1}{5} = \frac{1}{6}$$

세 번째로 등장해서 복권을 뽑는 사람의 당첨확률은 다음과 같은 수식으로 표현할 수 있는데, 역시 6분의1이 된다.

$$\frac{5}{6} \times \frac{4}{5} \times \frac{1}{4} = \frac{1}{6}$$

첫 번째 사람의 당첨이 불발된 상황에서 그다음 사람이 당첨권을 뽑게 될 때처럼, A가 나타난다는 조건에서 B가 일어날 확률을 '조건부 확률'이라고 한다.

∴ 쉽게 이해했다면 그렇게 설명까지 할 수 있어야

'조건부 확률'은 수학에서 대단히 중요한 개념이다. 또 조금만 깊게 들어가면 어려움을 호소하는 단원이기도 하다. 하지만 위에서 소개한 방식으로 '조건부 확률'을 설명하면 누구나 쉽게 이해한다. 혹자는 "그렇게 되는 건 당연한 거 아니야?"라며 이 책 내용의 수준을 폄하할지도 모르겠다.

하지만 '조건부 확률'이란 개념을 논리적으로 쉽게 설명할 수 있는 사람은 많지 않다. '조건부 확률'에 대한 쉬운 소개 글을 읽고 이해하는 것에서 그치지 말고, 그것을 쉽고 명료하게 설명할 수 있어야 제대로 알고 있는 것

복잡한 계산 문제를 푸는 것도 의미 있지만, 정작 중요한 것은 개념을 논리적으로 쉽게 설명할 수 있어야 하는 것이다.

이다. 수학적 사고력과 논리력은 바로 그렇게 키우는 것이다. 복잡한 계산 문제를 푸는 것도 의미 있지만, 정작 중요한 것은 어떤 개념을 논리적으로 쉽게 설명할 수 있어야 하는 것이다. 비즈니스건 학업이건 대인관계건 깊이 들어갈수록 어려워지고 복잡해지는 건 인지상정이다. 어떤 문제건 제대로 해결하려면 그것을 최대한 단순화시켜 쉽게 이해하고 또 그렇게 설명할 수 있어야 한다. 이 책이 전하고자 하는 미덕은 바로 그런 것이다.

주가에서 복권까지
적중시킨다는
족집게의 비밀

사기 트릭

∴ 한 통의 메일에 마음이 흔들리다

어느 날 당신의 휴대폰에 다이렉트메일 한통이 도착했다.

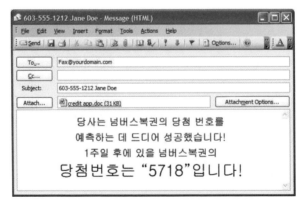

넘버스복권이란 숫자 선택식 복권으로서, 4자리 숫자를 모두 알아맞히면 당첨되는 복권이다(본인이 좋아하는 번호를 구매자가 직접 선택할 수 있는 복권 상품. 한 장당 판매 가격은 200엔이며 매주 화요일과 금요일, 1주에 두 차례 추첨식이 있다. 0에서 9까지의 숫자 중에서 3개 내지 4개의 숫자를 임의로 고르면 된다. 1994년 10월 일본에서 처음 등장한 복권이다 _옮긴이).

왠지 미심쩍다고 생각을 하면서도 한번쯤은 확인해볼 요량으로 그 메일을 삭제하지 않고 저장해둔다. 그다음 주가 되자, 저장해둔 메일을 다시 열어 당첨번호 4자리 숫자를 확인한다.

와~! 이런! 놀랍게도 메일에서 예측한 번호가 당첨번호라니!

그다음 날, 전에 메일을 보냈던 바로 그 회사의 메일이 도착한다. 그 내용을 요약하면 이렇다.

"당사는 넘버스복권의 당첨번호를 예측하는 프로그램을 개발했다. 이 말이 틀리지 않았다는 것을, 지난 번 당첨번호 예측으로 당신은 충분히 이해했을 것이다. 그러니 100만 엔을 당사의 계좌로 입금하라. 그러면 5회에 걸쳐서 넘버스복권의 당첨번호를 당신에게 알려주겠다."

메일 내용을 확인한 뒤 곰곰이 따져보기 시작한다. 넘버스복권의 1회 당첨 금액은 평균 잡아 90만 엔 정도이다. 5회가 당첨되면 450만 엔에 상당하는 돈을 손에 쥘 수가 있다. 100만 엔을 회사 측에 준다고 해도 여전히 350만 엔을 손에 넣을 수가 있다.

처음에는 왠지 미심쩍다고 생각했지만 그 회사가 보낸 번호가 어쨌거나 당첨번호인 것은 맞다. 여기까지 생각이 미치자, 회사 측이 지정한 계좌로 100만 엔을 송금한다.

그런데 어찌된 영문인가? 아무리 기다려도 넘버스복권의 당첨번호를 예측해 주는 이메일이 더 이상 오지 않는 것이다. 아뿔싸! 한마디로 사기당한 것이다.

자, 그렇다면 이 회사는 넘버스복권의 당첨번호 4자리를 어떻게 알아맞힐 수 있었을까?

∴ 고전적인 사기 수법에 걸려 들다

1만 명의 사람에게 다이렉트메일을 발송하면 그중 1명은 당첨번호를 받게되어 있다. 이것은 고전적인 사기 수법이다. 넘버스복권의 4자리 숫자가 만들어지는 총 조합의 수는 모두 1만 가지이다. 그래서 '0000'에서 '9999'까지 각기 다른 번호를, 1명 당 1개씩 총 1만 명에게 다이렉트메일을 보내면, 누가 될지 모르지만 분명히 당첨번호를 받은 1명은 있기 마련이다.

다이렉트메일 수신 인원을 10만 명으로 늘려서 9999개의 번호를 발송하면 당첨번호를 받는 사람은 10명이 되고, 100만 명에게 발송하면 100명이 당첨번호를 받게 되는 것이다. 요컨대, 대상 인원을 많이 늘리면 늘릴수록 불가능하다고 생각되는 것도 간단하게 가능한 상황으로 만들 수가 있는 것이다.

[넘버스복권 트릭]

넘버스복권에서 4자리 수의 총 조합 가지 수는 1만 개

1만 명에게, '0000'에서부터 '9999'까지 각기 다른 4자리 번호를 발송한다.

1만 명 중 1명은 당첨번호를 받는다.

∴ 주가의 예측이나 마술에서도 사용되는 트릭

이 트릭은 주가의 상승과 하락을 예측하거나 아니면 경
마에서의 우승마 예측 등에서도 곧잘 사용된다.

주가의 흐름을 예로 든다면, 주가는 오르거나
내리는 두 가지 경우밖에 없다. 따라서 8명 가운
데 4명은 앞으로 주가가 상승할 것이라고 예측
하고 나머지 4명은 하락할 것이라고 예측한다면, 어
느 쪽이 되었든 한 편이 되는 4명의 예측은 맞을 수밖에 없다.

이어서, 주가 흐름을 맞힌 그 4명 중에서 2명은 주가가 상승한다고 예측
하고, 나머지 2명은 하락한다고 예측한다. 그 결과 어느 한쪽의 2명의 예측
은 맞을 수밖에 없다. 따라서 앞의 예측에 이어서 두 번 연속해서 예측한
것이 맞았다고 생각할 수가 있다.

계속해서, 그 2명 중에서 1명은 주가가 상승한다고 예측하고, 나머지 1
명은 주가가 하락할 것이라고 예측한다. 그 결과, 마지막까지 예측에 성공
한 1명은, 최초 8명이었을 때부터 시작해서 3차례 연속해서 예측에 성공했

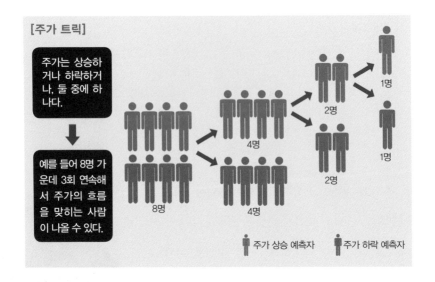

[주가 트릭]

주가는 상승하거나 하락하거나, 둘 중에 하나다.

예를 들어 8명 가운데 3회 연속해서 주가의 흐름을 맞히는 사람이 나올 수 있다.

8명   4명   2명   1명
       4명   2명   1명

👤 주가 상승 예측자   👤 주가 하락 예측자

다고 생각하게 된다. 이것은 간단한 트릭이다. 그런데 3회 연속으로 예측이 적중한 당사자로서는 본인의 예측에 강한 자신감을 느낄 뿐 아니라 높은 신뢰도까지 부여할 것이다. 확실하다.

사실, 이 트릭은 간단한 마술에서도 사용된다. 예를 들어, 1부터 5까지 번호가 적힌 5장의 종이를 미리 옷에 만들어둔 주머니처럼 생긴 곳에 숨긴다. 그리고 마술을 구경하러 온 방청객에게 1부터 5까지 숫자 중에서 좋아하는 번호를 하나 말하라고 한다. 그 때 마술사는 방청객의 숫자를 예측한 것처럼 행동을 하는 한편, 방청객이 말한 번호가 적힌 종이를 아까 그 주머니처럼 생긴 곳에서 꺼내는 것이다.

RULE

32

정보력이
확률을 높인다

사전확률의 변화

∴ 당첨확률이 2배가 되는 선택 방법

퀴즈를 유난히 좋아하는 친구가 당신에게 줄 생일 선물을 준비했다고 하
자. 크기가 같은, A, B, C 3개의 상자 중에서 당신은 하나를 선택해야 한다.
그런데 3개의 상자 중에 1개에만 당신이 전부터 가지고 싶어 했던 5만 엔
짜리 시계가 들어 있고, 나머지 2개의 상자에는 1000엔짜리 상품권이 들어
있다.

　당신이 A상자를 선택하자 친구는 C상자를 열어서 그 안을 보여주었다.
C상자 안에는 상품권이 들어 있었다. 그리고는 친구가 당신에게, A상자를
그대로 선택할지 아니면 B상자로 바꿀 것인지를 묻는다. 자, 당신이라면

어떻게 하겠는가?

이런 상황에서는, 최초에 선택한 A상자를 그대로 고수하든 아니면 B상자로 바꾸든, 어느 쪽이든 시계가 들어 있는 상자를 택할 확률은 2분의1로 변함이 없다고 생각하고는, 처음에 선택한 A상자를 그대로 고수하겠다고 마음을 먹는 사람들이 많다. 그런데 실제로는 B상자로 바꾸면 시계를 선택할 확률이 2배나 높아지게 된다. 그 이유는 이렇다.

최초에 A상자를 선택했을 때 시계가 들어 있는 상자를 선택할 확률, 즉 당첨확률은 3분의1이다. 다른 한편으로는, B 또는 C 상자에 시계가 들어 있을 확률은 3분의2이다. 결국, C상자에 시계가 들어 있지 않은 것이 밝혀진 시점에서 B상자에 시계가 들어 있을 확률은 그대로 3분의2이며, 이 때 A상자에 시계가 들어 있을 확률은 처음의 3분의1 그대로인 것이다. 따라서 A상자를 그대로 고수하는 것보다 B상자로 선택지를 바꿀 경우, 시계에 당첨될 확률이 2배로 높아지는 것이다.

[3개의 상자에서 선택하기]

● 처음에는 어느 상자를 선택하더라도 적중될 확률은 3분의1

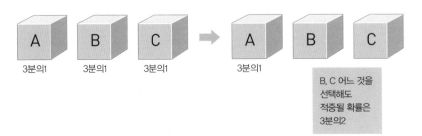

A 3분의1　B 3분의1　C 3분의1　⇒　A 3분의1　B　C

B, C 어느 것을 선택해도 적중될 확률은 3분의2

● C가 아니라는 것을 알았다면, B가 적중될 확률은 3분의2가 된다!

A	B	C
3분의1	3분의2	없다

∴ 몬티 홀 문제

위 퀴즈를 조금 응용해 보자. 100개의 상자 중에 당첨권이 들어있는 상자가 1개 있다고 하자. 처음에 1번 상자를 선택한 후에 나머지 99개의 상자 중에 98개를 열었는데도 당첨권이 나오지 않았다면, 열지 않고 남아 있는 마지막 1개의 상자에 당첨권이 있음은 누구나 아는 사실이다.

이 경우 가장 처음에 선택한 1번 상자가

몬티 홀

당첨될 확률은 100분의1이고, 그 밖에 99개의 상자에 당첨권이 들어 있을 확률은 100분의99이며, 그 열지 않고 있는 1개가 당첨될 확률도 그대로 100분의99이다.

이 문제는 실제로 미국에서 방영된 퀴즈 프로그램을 기초로 한 것으로, 해당 프로그램의 사회자인 몬티 홀의 이름을 따서, '몬티 홀 문제'라고도 한다. 퀴즈의 우승자는 마지막에 3개의 관문 중에서 1개를 선택할 수 있다. 1개의 문 뒤에는 자동차가 있고, 나머지 2개의 문 뒤에는 염소가 있다.

몬티 홀 문제의 경우, 최초에는 어느 상자를 선택해도 당첨확률이 3분의1이다. 그런데 그중 한 상자가 당첨권에서 탈락하게 되면 나머지 상자가 당첨될 확률은 3분의2로 바뀌게 된다. 이처럼 최초의 확률(사전확률)이 어떤 결과를 보여주기도 한다.

[100개의 상자에서 선택하기]
● **처음에는 어떤 것도 당첨될 확률이 100분의1**

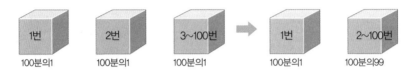

● **3~100번이 당첨권 상자가 아니라는 것을 안다면**
 2번이 당첨될 확률은 100분의99가 된다!

∴ **아이들의 성별 알아 맞추기**

회사 동료가 2명의 자녀를 두고 있다고 하자. 그중에 1명은 여자아이다. 그런데 나머지 한 아이가 아들인지 딸인지 모른다. 여러분은 회사 동료 자녀에게 선물을 주려 한다. 그런데 될 수 있으면 아이의 성별을 알고 싶다.

어쨌거나 여러분은 나머지 한 아이도 여자아이일 확률은 2분의1이라고 생각할 수 있다. 하지만 이 생각은 틀렸다. 아이가 2명일 때 태어난 순서로 따지면, '남남', '남여' '여남', '여여' 등의 4가지 경우가 나온다. 그런데 동료의 자녀 2명 중에 1명이 여자아이라는 것은 이미 알고 있다. 따라서 2명의 자녀 성별을 태어난 순서로 따지면, '남녀', '여남', '여여' 등 3가지 가운데 하나가 된다.

그중에 나머지 한 아이가 여자아이인 경우는 '여여'인 경우 1가지뿐이다. 또한 2명 가운데 1명이 여자아이인 것은 이미 알고 있기 때문에, 1명이 또 여자아이일 확률은 3분의1이 된다.

게다가 첫째아이가 여자일 경우 태어난 순서는 '여남', '여여'이고, 여기에는 둘째아이도 여자일 경우도 포함된다. 따라서 둘째아이가 딸일 확률은 처음 생각한대로 2분의1이다.

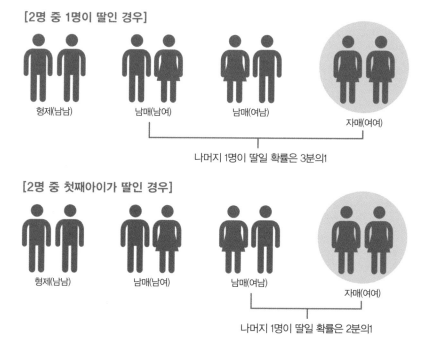

[2명 중 1명이 딸인 경우]

형제(남남)   남매(남여)   남매(여남)   자매(여여)

나머지 1명이 딸일 확률은 3분의1

[2명 중 첫째아이가 딸인 경우]

형제(남남)   남매(남여)   남매(여남)   자매(여여)

나머지 1명이 딸일 확률은 2분의1

RULE
33

결과로부터 어떻게
원인을 예측할 수 있는가?

베이즈 정리

∴ **추측을 확률적으로 수행하는 방법**

성공하든 실패하든, 어떤 일의 결과에는 반
드시 원인이 있기 마련이다. 어떤 일이든 그
원인을 밝히는 것이 중요하다. 이럴 때 이용
하는 것이 '베이즈 정리'다.

　'베이즈 정리'란, 18세기 영국의 목사이자
수학자였던 토머스 베이즈(1701~1761)가 작
성한 논문에서 비롯한 이론이다. '베이즈 정
리'가 편리한 것은, 결과로부터 원인을 추측

토머스 베이즈

해낼 수 있기 때문이다.

예를 들어, 의사는 환자에게서 나타나는 병의 다양한 증상을 종합적으로 살피면서 증상의 원인을 추측하기 시작한다. 발열, 가래, 콧물, 두통 등의 증상이 있으면 감기에 걸렸을 가능성이 높다는 진단을 내리는 것처럼 말이다.

결과	원인
발열, 가래, 콧물, 두통	감기
이른 봄, 콧물, 눈 가려움증	꽃가루 알레르기

'베이즈 정리'는 이런 추측을 확률적으로 수행하는 방법이다. 예를 들어 설명하면 다음과 같다.

A상자에는 검은 구슬 3개와 하얀 구슬 1개가 들어 있다. B상자에는 검은 구슬 1개와 하얀 구슬 3개가 들어 있다. 겉으로만 봐서는 두 상자를 구분할 수 없다. 한쪽 상자에서 구슬을 1개 꺼낼 때 그 구슬이 검은 구슬이면, 그 상자가 A일 확률을 구해보자.

A   B

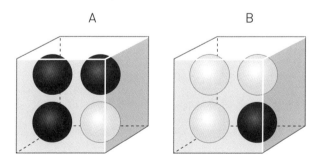

$$\frac{\text{A상자에서 검은 구슬을 꺼낼 확률}}{\text{(A상자에서 검은 구슬을 꺼낼 확률)} + \text{(B상자에서 검은 구슬을 꺼낼 확률)}}$$

$$= \frac{\frac{1}{2} \times \frac{3}{4}}{\left(\frac{1}{2} \times \frac{3}{4}\right) + \left(\frac{1}{2} \times \frac{3}{4}\right)} = \frac{3}{8} \div \frac{1}{2} = \frac{3}{4}$$

상자에서 구슬을 꺼내기 전에는 A든 B든 어느 것이 선택되든지 그 확률은 모두 2분의1이다. 그런데 상자에서 꺼낸 구슬이 검은 구슬이면, 그 구슬을 꺼낸 상자가 A인 확률과 B인 확률은 변한다.

결론부터 말하면, 검은 구슬을 꺼낸 상자가 A일 확률은 4분의3이다(계산 방식은 위의 수식을 참조). 이것은 직감으로도 A상자에 검은 구슬이 많이 들어 있기 때문에 이해하기가 어렵지 않다.

∴ 스팸메일을 걸러 내는 여과기

'베이즈 정리'는 인터넷 시대에 접어들면서 스팸메일을 구별하는 기술에 널리 사용되면서 다시 한 번 유명세를 탔다. '베이즈 정리'를 활용한 스팸 메일 분류 소프트웨어를 '베이즈 필터'라고 부르기도 한다. 베이즈 필터를 사용하면, 이용자가 스팸메일과 일반 메일을 분류하는 과정에서 메일의 내용을 파악한 결과를 통해 스팸메일을 더욱 정확하게 구분해낼 수 있다. 같은 단어라고 해도 이메일 사용자에 따라서는 스팸메일이 아닐 가능성도 있기 때문이다.

바꿔 말하면, 스팸메일에서 자주 사용되는 단어나 표현을 대상으로 하는 데이터베이스를 만들어서, 여기에 해당되는 단어나 표현이 담긴 메일을 스팸메일로 구분하는 것이다. 이 방법은 일반 메일에 대해서도 동일하게 적용된다.

이렇게 구축된 데이터베이스에 근거해서, 도착한 메일의 내용을 분석하는 데 '베이즈 정리'를 이용한 확률에 기초해서, 방금 수신한 메일이 스팸메일인지 아니면 일반 메일인지를 가려내는 것이다. 예를 들어, 지금까지 받은 메일을 분석한 결과, '무료'라는 단어가 들어 있는 메일은 스팸메일일 확률(가능성)이 높다고 한다.

하지만 '무료' 단어가 있다고 하더라도 일반 메일에서 자주 사용되는 단어가 많이 포함되어 있다면, 그 메일이 스팸메일이 아닐 수 있다는 점도 잊지 말아야 한다. 확률이란 그렇게 될 가능성을 수치로 산정한 것일 뿐이지, 그것이 아무리 높은들 결코 진리가 되는 것은 아니기 때문이다.

'베이즈 정리'는 인터넷 시대에 접어들면서 스팸메일을 구별하는 기술에 널리 사용되면서 다시 한 번 유명세를 탔다.

신뢰도 99%는
얼마나 믿을 수 있는가?

확률의 신뢰성

몸에 무슨 병이라도 있는지 알아보기 위해서 신뢰도 99%의 건강 검진을 받았다. 검진 결과, 의사로부터 지금 나타나는 증상이 의심된다는 말을 들었다고 하자. 그렇다면 거의 대부분의 사람은 99% 확률로 질병에 걸린 것으로 생각한다. 그런데 확률이 99%라고 해서 질병에 걸렸다고 생각하는 것은 틀린 것이다.

예를 들어, 100만 명 가운데 100명이 실제로 병의 증상을 보인다고 하자. 100만 명이 신뢰도 99%의 집단 검진을 받는다. 그러면 다음의 사람들에게서 그 질병이 의심된다는 결과가 나온다.

■ 원래 그 증상을 보인 100명 중에서 99%에 속하는 99명

■ 신뢰도 99%라는 의미는 1%는 적중하지 않는다는 뜻으로서, 원래 병의 증상을 보이지 않은 999900명의 1%인 9999명도 그 질병이 의심된다는 뜻이다. 따라서 질병으로 의심받는 사람을 모두 더하면 다음과 같다.

$$99명 + 9999명 = 10098명$$

질병이 의심되는 사람 중에 9999명은 원래 건강한 사람이다. 따라서 질병이 의심된다는 결과를 받은 사람 중에 99%(9999÷10098=0.99)는 병에 걸리지 않은 것이다.

요컨대, 신뢰도 99%의 검사를 받은 후에 병이 의심된다는 말을 들었더라도 99%의 확률로 질병에 걸렸다는 생각은 틀린 것이다. 실제로 그와는 반대로 99%의 확률로 병에 걸리지 않은 것이다.

그 질병에 정말로 걸린 사람은, 병이 의심된다는 말을 들은 사람들 중에서 1%에 지나지 않는 것이다. "99% 그렇다"라고 생각했던 것이 이제는 "99% 아니다"라는 깜짝 놀랄 만한 결과로 뒤바뀌게 된 것이다.

[신뢰도 99% 건강 검진 결과]

100만 명(그중에 100명이 발병)이 건강 검진을 받는다.

그중에 질병이 의심되는 사람은?

①원래 병이 있는 100명×0.99=99명

②원래 건강한 999900명×0.01=9999명

①과 ②를 더한 99명+9999명=10098명

건강하지만 질병이 의심되는 결과에 해당하는 사람은,

9999÷10098=0.99(99%)

따라서 질병이 의심되는 사람 중에 정말로 병에 걸린 사람은 1%!

이처럼 확률론적 사고는 그 자체로 모순을 안고 있다. 일찍이 스코틀랜드의 철학자 데이비드 흄(1711~1776)은 확률론적 사고를 맹신하는 세태를 비판하기도 했다. "비록 오늘까지 매일 아침 해가 떴지만 내일도 해가 뜰지는 알 수 없다. 따라서 내일 아침 해가 뜰 것이라는 예측은 내일 아침 해가 뜨지 않을 것이라는 예측보다 더 합리적이라고도 할 수 없다." 흄의 주장을 궤변으로 단정할 수만은 없다. 내일 일은 아무도 모르기 때문이다.

"오늘까지 매일 아침 해가 떴지만 내일도 해가 뜰지는 알 수 없다. 따라서 내일 아침 해가 뜰 것이라는 예측은 내일 아침 해가 뜨지 않을 것이라는 예측보다 더 합리적이라고도 할 수 없다."_데이비드 흄

부분으로 전체를
판단할 때
범하는 실수

심슨 패러독스

∴ 졌다고 생각했는데 이겼다고?

당신의 회사 영업부에 최고의 영업 실적을 자랑하는 A와 B가 있다고 하자.
A와 B는 회사 내에서 최고 영업력을 겨루는 라이벌이다. 올해 상반기의 영
업 실적은 A의 세일즈 성공확률이 30%였고, B의 성공확률은 29%였다. A
가 간발의 차이로 B보다 앞섰다. 그래서 하반기에 들어서 B는 어떻게 해서
라도 A를 이기기 위해서 열심히 노력했다. 그 결과 B는 상반기 실적에 2배
가 되는 영업 실적을 올렸다.

그런데 하반기의 영업 실적 기록을 보고 B는 잠시 당황했다. A의 세일즈
성공확률은 40%로 나왔고 B의 성공확률은 39%였다. 또다시 A의 실적이

부분끼리 비교한 것만을 가지고 전체를 판단하면 예상과 전혀 다른 결과가 나올 수 있다. 문제는 그렇게 해서 틀린 결과가 나올 수도 있다는 것이다.

근소한 차이로 B의 실적보다 높게 나온 것이다.

그런데 그다음으로 놀라웠던 것은, 연간 실적으로는 B가 최고의 실적을 올려서 연말에 회사로부터 영업왕 표창자로 선정됐다는 것이다.

∴ 분기가 아니라 연간 실적으로 비교하라

상반기와 하반기 모두 A의 영업 실적이 높았는데 어떻게 B가 연말 영업왕 표창을 받을 수 있게 된 것일까? A와 B, 두 사람의 영업 내용을 찬찬히 들여다보니 그 이유를 알 수가 있었다.

상반기에 A의 영업 실적은 200건을 대상으로 영업을 하고 그중 60건이 성공해서 성공확률로는 30%였다. 한편, B는 100건을 대상으로 영업을 하고 그중 29건이 성공해서, 성공확률로는 29%였다. 하반기에 A는 100건의 영업에 대해서 40건이 성공해서 성공확률로는 40%, B는 200건의 영업에 대해서 78건이 성공해서 성공확률로는 39%였다.

상반기와 하반기의 실적을 합해서 연간 영업 실적을 계산해보니, A는 300건의 영업에 100건이 성공해서 성공확률은 33.3%가 나왔다. 그런데 B는 A와 마찬가지로 300건의 영업에 대해서 107건이 성공해서 성공확률은 35.7%가 나왔다. 그 결과, B의 성공확률이 A보다 높게 나온 것이다.

[A와 B의 영업 실적 비교]

상반기와 하반기를 나누어 비교해 보면,

		영업대상(건)	성공(건)	성공확률
상반기	A	200	60	30%
	B	100	29	29%
하반기	A	100	40	40%
	B	200	78	39%

A가 B보다 성공확률이 높게 나온다!

상반기와 하반기의 영업 실적을 각각 더하면,

		영업대상(건)	성공(건)	성공확률
상반기	A	300	100	33.3%
	B	300	107	35.7%

B가 A보다 성공확률이 높게 나온다!

∴ 부분끼리의 비교는 믿을 수 없다

이러한 통계 현상을 '심슨 패러독스'라고 한다. 영국의 통계학자인 E. H. 심슨이 주장했기 때문에 그의 이름을 따서 붙여진 것이다.

'심슨 패러독스'가 보여주는 것은, 최종 통계 결과를 나누면 그 결과와 전체의 결과가 달라진다는 것이다. 앞에서 든 예에서도, 연간 영업 실적을 상반기와 하반기로 나눈 결과와 연간 전체 영업 결과가 전혀 다르게 나오는 것이다. 그저 단순하게 생각하면, 상반기와 하반기 모두 실적이 나은 쪽이 연간을 통틀어서도 실적이 더 나을 것으로 예상하는 게 보통인데 말이다.

그런데 '심슨 패러독스'에 따르면, 부분끼리 비교한 것만을 가지고 전체를 판단하면 전혀 다르게 나올 뿐 아니라 틀린 결과가 나올 수 있다는 것이다. 만약 그것이 병원에서 진행한 수술의 성공확률이라든가 새로 개발한 신약의 치료효과의 확률과 같은 인간의 생명과 직결되는 통계 결과라면, 전혀 예상치 못했던 치명적인 실수로 이어질 수도 있는 것이다.

36

1달 안에 10억 엔을
모으는 방법

거듭제곱 법칙

∴ 눈덩이처럼 커지는 수치

거듭제곱이란, '3의 2승(3^2)=3×3'처럼 같은 수를 말 그대로 거듭해서 몇 번이고 곱하는 것이다. 그 결과, 거듭제곱된 수는 엄청나게 빠른 속도로 커진다.

귀가 솔깃할만한 예를 들어보자. '거듭제곱 법칙'을 적용하면 1달 안에 억만장자가 되는 것도 어렵지 않다.

첫째 날에는 1엔, 둘째 날에는 2엔, 셋째 날에는 4엔, 이런 식으로 1엔부터 시작해서 다음날에는 전날의 배가 되는 금액을 30일간 저축하는 것이다. 그러면 27일째 되는 날에는 이렇게 해서 모아진 총액이 130000000엔

180

을 넘어서, 30일째 되는 날에는 1073741823엔이 된다.

[1달 안에 10억 엔을 저축하는 방법]

일	저금액(엔)	합계 금액(엔)
1	1	1
2	2	3
3	4	7
4	8	5
5	16	31
⋮	⋮	⋮
10	512	1023
15	16384	32767
20	524288	1048575
25	16777216	33554431
30	536870912	1073741823

이런 예도 있다. 가령, 상점 사장으로부터, "좋아하는 상을 주겠노라"는 말을 들은 점원이, "첫째 날에는 쌀 1톨, 둘째 날에는 쌀 2톨, 셋째 날에는 쌀 4톨, 이런 식으로 쌀 1톨부터 시작해서 다음날에는 전날의 배가 되는 쌀알을, 81일치를 바둑판 위에다 놓아주시면 감사하겠나이다"라고 말했다고 하자. 그 말을 들은 사장이 점원을 가리켜, "어째 욕심이 없는 젊은이"라고 생각했다면 큰 오산이다.

처음에는 바둑판의 한 칸에 놓인 낱알의 쌀이라도 1주일 후에는 64톨로 바둑판의 전체를 거의 다 채우다시피 하게 된다. 그리고 마지막 81일째가 되는 날에는 바둑판에 놓아야만 하는 쌀알의 개수는 1.2×10^{24}만큼의 어마어마한 수가 된다. 이 수치의 쌀은 전 세계의 쌀을 모두 긁어모아도 채우지 못하는 양이다.

재미있는 예를 하나 더 소개하면, 두께 0.1mm의 종이를 계속해서 반으로 접을 수가 있다고 하자. 그러면 종이를 50회 접었을 때 그 두께가 어느 정도인지를 계산하면 다음과 같다.

$$0.1\text{mm} \times 2^{50} \fallingdotseq 112589990\text{km}$$

이것은 지구에서부터 달까지의 거리인 384400km의 약 293배가 되는 두께이다.

∴ 다단계 판매가 파탄에 이르는 까닭은?

'거듭제곱 법칙'은 순진한 사람들을 다단계 판매원으로 끌어들이는 데 이용되기도 한다.

본인의 아래 단계에 5명씩 회원을 만들어가는 다단계 판매 마케팅의 경우, 처음 한 사람을 최고 정점으로 하고 아래로는 방사형으로 펴져가는 피라미드식으로 사람 수가 점차 늘어난다. 이 때, 최초의 1명을 1단계로 하면, 12번째 단계에 가서는 6000만 명을 돌파하게 되고, 13번째 단계에 가서는 그 인원이 3억 명 이상으로 늘어난다. 이 수치는 2015년 기준 일본의 전체 인구보다 많은 숫자이다. 게다가 15번째 단계에 가면, 오늘날 전 세계의 인구를 넘어서게 된다. 하루에 1단계씩 사람 수가 증가했다고 하면, 2주가 지나면 일본의 인구 또는 전 세계의 인구까지도 넘어서게 되는 것이다.

　어디 다단계 판매만 그러하랴. 입에서 입으로 전해지는 좋지 않은 루머나 질병을 옮기는 인플루엔자 등이 눈 깜짝할 사이에 퍼지는 것도 같은 이유 때문이지 않을까!

평균은 전체의
중심이 아니다

대푯값 원리

∴ 기본 데이터를 읽는 방법

통계 데이터를 접할 때 가장 주목해야 하는 것이 대푯값이다. 통계 데이터
의 특징을 나타내는 것이 대푯값이기 때문이다. 예를 들면, 평균치, 중앙치
(median), 최빈치(mode) 등이 그 대표적인 수치들이다. 이 중에서 가장 많
이 사용되는 것이 평균치이다. 사실 평균치 중에도 여러 가지가 있는데, 일
반적으로 평균치라고 하면 데이터의 모든 값을 더한 뒤에 데이터의 개수
로 나누어서 구한 상가평균(산술평균)을 가리킨다. 평균치, 중앙치, 최빈치
등을 이해하기 쉽게 예를 들면 다음과 같다.

[데이터 값이 '20, 20, 30, 40, 50'인 경우]

최고치 : 50

중앙치 : 30

최빈치 : 20

평균치 :
(20+20+30+40+50)÷5=32

　　중앙치는 적은 순서대로 데이터의 값을 나열했을 때 정중앙에 있는 값을 말한다. 데이터 개수가 짝수인 경우에는 정중앙의 주변에 있는 2개 값의 평균을 낸다. 예를 들면, 데이터 값이 '10, 20, 30, 40'일 때는 정중앙에 있는 20과 30의 평균치인 25가 중앙치이다. 최빈치는 가장 자주 등장하는 값이다.

∴ 평균치의 오해

흔히 착각하기 쉬운 것이 있다. 바로, 평균의 평균은 전체의 평균이 아니라는 것이다. 예를 들어, 남자 3명의 평균이 60점, 여자 5명의 평균이 80점이라고 하자. 이 때 남녀의 평균을 아래와 같이 구하면 틀린 것이다.

(60점+80점)÷2=70점

　　먼저, 남자와 여자의 합계를 구하고 난 뒤에 그것을 남녀를 합한 사람 수로 나누어야 정답을 구할 수가 있다. 즉, 정답은 다음과 같다.

$$(60점 \times 3명) + (80점 \times 5명) = 580점$$

$$580점 \div 8명 = 72.5점$$

다른 예를 하나 더 들어보자. 차를 타고 목적지에 갈 때에는 평균 시속 60km로 가고, 올 때에는 평균 시속 40km로 돌아왔다고 하자. 그렇다면 왕복 평균 시속을 역시 아래와 같이 구하면 틀린 것이다.

$$(60+40) \div 2 = 시속 \ 50km$$

만약 120km 떨어진 곳에 있는 목적지를 왕복했다면,

$$갈 \ 때 \ 걸린 \ 시간 : 120 \div 60 = 2시간$$

$$올 \ 때 \ 걸린 \ 시간 : 120 \div 40 = 3시간$$

왕복 시간은 5시간이기 때문에, 왕복의 평균 속도는 다음과 같다.

$$240 \div 5 = 시속 \ 48km$$

∴ 도덕성이 결여된 계산법

실생활에서도 평균을 둘러싼 오해가 여기저기서 눈에 띈다. 예를 들어, 어느 회사의 평균 급여가 50만 엔이라고 하자. 그러면 사원 누구나 50만 엔 정도의 급여를 받을 것이라고 생각한다. 그런데 실제로는 사원 9명의 급여가 20만 엔이고, 사장의 급여가 320만 엔인 경우도 있을 수 있다. 이 경우 10명의 평균 급여는 50만 엔이지만, 현실적으로 이것에 동의할 사원은 없을 것이다.

이처럼 평균치를 전체의 가운데 값으로 이해해서는 안 된다. 평균치가

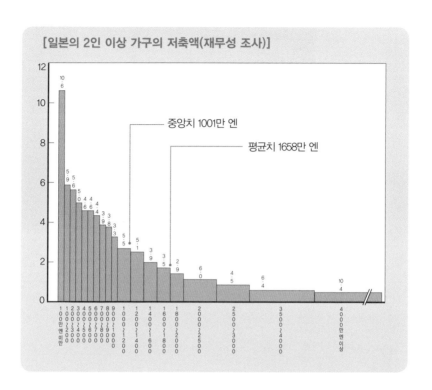

[일본의 2인 이상 가구의 저축액(재무성 조사)]

중앙치 1001만 엔

평균치 1658만 엔

정중앙 값이 되는 경우는 좌우가 정확하게 대칭인 산 모양 같은 것을 좌우로 똑같이 나눌 때이다. 따라서 이 회사의 현실적인 급여 실태를 나타내는 대푯값은, 평균치보다는 중앙치(20만 엔), 또는 최빈치(20만 엔) 쪽이라고 해야 할 것이다.

이처럼 평균치는 데이터 중에서 한쪽으로 극단적으로 치우친 수치가 있으면 그로부터 영향을 크게 받는다. 따라서 중앙의 수치로 나타나지 않는 경우도 많은 것이다.

'대푯값 원리'는 정부에서 통계치를 구할 때도 많이 활용된다. 일본의 2

평균치는 전체의 현황을 설명하는데 부적절하다. 그럼에도 불구하고 평균치가 전체를 대표하는 값으로 둔갑할 때가 참 많다.

인 이상 가구의 저축액 현황을 나타내는 그래프를 보면 '대푯값 원리'가 좀 더 쉽게 이해될 것이다. 평균치는 1658만 엔이고, 중앙치(저축액이 0엔인 세대를 제외하고 저축액이 낮은 쪽부터 높은 쪽으로 순서대로 차례로 배열했을 때의 중앙값)는 1001만 엔이고, 최빈치는 100만 엔 미만인 세대다.

그래프를 보면, 평균치 금액에도 미치지 못하는 세대의 수가 전체의 약 3분의2(67%)를 점하고 있다. 이 수치도 저축액이 높은 세대의 영향에 따라 평균치가 실제보다 높게 나온 이유이다.

이처럼 평균치는 전체의 현황을 설명하는 데 부적절하다. 그럼에도 불구하고 평균치가 전체를 대표하는 값으로 둔갑할 때가 참 많다. 산술적인 평균치만 놓고 본다면 앞에서 든 사례에 나온 회사는 평균 연봉이 높은 편에 속하고, 일본국민은 그런대로 먹고살 만해 보인다. 회사의 사장과 정부를 대표하는 우두머리는 평균치를 들먹이며 스스로 우쭐해한다. 도덕성이 결여된 계산법이 아닐 수 없다.

우연은
63%의 확률로
발생한다

몽모르 문제

∴ 본인이 가지고 온 선물에 당첨될 확률

100명이 모이는 크리스마스 송년 파티에 참석한다고 하자. 파티에 참석하는 사람들은 각자 1000엔 정도에 상당하는 선물을 가지고 와서 다른 사람들의 선물과 교환을 하는 이벤트를 하기로 했다. 저마다 가지고 온 선물에 번호를 적어 넣은 뒤 제비뽑기를 해서 각자 가져갈 선물을 정하는 것이다. 즉, '3'이라고 적힌 종이를 뽑은 사람이 3번이 적힌 선물을 가져가는 것이다.

그런데 대부분의 사람들은, 제비뽑기에서 본인이 가지고 온 선물 번호가 적힌 종이를 본인이 뽑는 경우가 일어나지 않을 거라고 생각한다.

다음의 사례도 위의 상황과 크게 다르지 않다.

■ 100명이 저마다 쓴 편지를, 100명의 수신인 주소가 적힌 편지봉투에 어떤 규칙도 없이 아무렇게나 넣을 때, 1회 이상은 편지 수신자와 배송지가 같은 경우가 발생한다.

■ 100명의 학생이 수업을 받는 교실에서 앉는 자리를 바꿀 때, 1명 이상은 전에 앉았던 자리에 다시 앉는다.

■ 100명의 외투를 맡아서 보관하는 담당 직원이 옷을 마구 섞은 채로 주인에게 외투를 건네줄 때, 1명 이상은 본인의 외투를 받는다.

사실 이 같은 우연한 현상은, 우리가 생각하는 것 이상으로 매우 높은 확률로 자주 나타난다. 왜 그럴까?

∴ 우연성에서 규칙이 발견되면 더 이상 우연한 것이 아니다!

이 말은 프랑스 출신의 수학자 피에르 드 몽모르(1678~1719)가 처음으로 문제 제기를 했기 때문에 '몽모르 문제'라고도 불린다. 몽모르는, A부터 K까지 13장의 트럼프를 잘 섞은 뒤에 2명이 동시에 각각 카드를 꺼낼 때 13장의 카드가 모두 일치하지 않을 확률을 구하려고 했다. 하지만 몽모르는 이 문제를 완전히 해결하지 못하고 세상을 뜨고 말았다.

세월이 흘러, 스위스 출신의 수학자 레온하르트 오일러(1707~1783)는 몽모르가 풀지 못한 이 문제를 마침내 해결했다. 결론부터 말하자면, 카드가 5장 이상일 때에는 2명이 꺼낸 카드가 1장도 일치하지 않을 확률은 대략 37% 정도인 것으로 나타났다. 바꿔 말하면, 1장 이상의 카드가 일치할 확률은 대략 63% 정도인 것이다. 다른 한편으로, 카드를 4장으로 할 때에도 1장 이상의 카드가 일치할 확률은 62.5%(약 63%)이다. 이런 현상은 카드의 숫자가 늘어나도 그 확률은 거의 변하지 않는 것으로 나타났다. 요컨대 앞에서 말한 우연한 현상도 대략 63%의 확률로 발생하는 것이다.

레온하르트 오일러의 초상화

■ 100명 가운데에 약 63%의 확률로, 최소한 1명은 본인이 가지고 온 선물에 당첨된다.
■ 100통의 편지를 편지봉투에 마구잡이로 넣어도, 1통 이상은 편지 수신인과 봉투의 수신인이 같을 확률이 대략 63% 정도이다.
■ 100명의 외투를 아무렇게나 무작위로 옷 주인에게 되돌려 줄 때 적어도 1명 이상이 본인의 외투를 받게 될 확률은 63%에 가깝다.

이처럼 우연성을 확률과 수식으로 규명해보면 다음과 같은 결론에 이른다. 예를 들어, '123'을 기준으로 하는 경우에 231이나 312처럼 그 어느 것도 기준이 되는 숫자의 자릿수가 일치하지 않는 순열을 '완전순열' 또는 '교란순열'이라고 한다. 완전순열의 개수를 '몽모르 수'라고 한다. 숫자가 3개일 경우, 예를 들어 '123'이라면 순열의 가짓수는 아래와 같이 6가지이다.

$$123 \quad 132 \quad 213 \quad 231 \quad 321 \quad 312$$

그중에 완전순열은 '231' '312' 두 개이며, 따라서 몽모르 수는 2이다. 그중에 1개 이상 일치할 확률은 아래와 같다.

$$4 \div 6 = \text{약 } 0.667 (\text{약 } 66.7\%)$$

[몽모르 수와 적어도 1개 이상 일치할 확률]

숫자의 개수	2	3	4	5	6	7	8
몽모르 수	1	2	9	44	265	1854	14833
일치할 확률(%)	50	66.7	62.5	63.3	63.2	63.2	63.2

우연한 현상은, 우리가 생각하는 것 이상으로 매우 높은 확률로 자주 나타난다.

39

두번 일어난 일은
세 번도 일어날 수 있다

성공과 실패의 사잇값

∴ 본인이 가지고 온 선물에 당첨될 확률

"두 번 일어난 일은 세 번도 일어날 수 있다"는 말이 있다. 이 말은 단지 사람들의 경험칙이나 심리적인 요인 때문에 생겨난 것일까? 확률적으로 따져 보니 반드시 그렇지만은 않다는 재미있는 결론이 나왔다.

예를 들어, 동전던지기를 생각해보자. 1개의 동전을 다섯 번 던져서 동전의 앞뒤 방향이 어떻게 나오는지를 조사해보자. 즉, 앞뒤 어느 쪽이든 연속해서 3회 이상이 나오는 경우, 앞뒤가 교대로 나오는 경우, 그 밖의 경우 등으로 나누어 정리를 하면 아래 표와 같다.

[동전을 연속해서 다섯 번 던졌을 때 나올 수 있는 결과(모두 32회)]

● 앞면과 뒷면이 교대로 나오는 경우 : 2회(6.25%)

○ : 앞
× : 뒤

○×○×○ ×○×○×

● 앞면이든 뒷면이든 두 차례 연속해서 나오는 경우 : 14회(43.75%)

○○×○○ ××○×× ○○××○ ××○○×

○××○○ ×○○×× ○○×○× ××○×○

×○×○○ ○×○×× ○×○○× ×○××○

×○○×○ ○××○×

● 앞면이든 뒷면이든 세 차례 이상 연속해서 나오는 경우 : 16회(50%)

○○○○○ ○○○○× ○○○×× ×××○○

××××○ ××××× ○○○×○ ×○○○×

○×××○ ×××○× ○×○○○ ××○○○

○○××× ×○××× ×○○○○ ○××××

위 표를 살펴보니, 1개의 동전을 다섯 번 연속해서 던졌을 때 나오는 경우의 수는 모두 32회이다. 그중에 앞면과 뒷면이 교대로 나오는 경우는 단 2회(6.25%)밖에 되지 않는다. 앞면 또는 뒷면이 연속해서 두 번 나오는 경우는 14회(43.75%)이다. 앞면이든 뒷면이든 연속해서 세 번 이상 나올 경우의 수는 모두 16회(50%)이다.

요컨대, 일어날 확률이 2분의1일 때 그 일이 다섯 번 일어난 경우에 한

해서 생각해보자. 이 경우 두 차례에 걸쳐 연속해서 같은 결과가 나왔을 때 그 뒤를 이어서 한 차례도 같지 않은 확률(43.75%)보다는, 한 차례 더 같은 결과가 나올 확률(50%)이 높아지는 것이다.

∴ 성공과 실패의 차이를 계산하면 6.25!

사람들은 좋은 일보다는 나쁜 일이 연거푸 발생할 것을 걱정할 때 "두 번 일어난 일은 세 번도 일어날 수 있다"는 말을 떠올린다. 여러 번 실패를 경험한 사람은 자신감을 상실해 또 다시 실패할지도 모른다는 압박감에 시달리기 때문이다.

물론, 동전의 앞뒷면이 성공/실패와 같을 수는 없다. 굳이 확률적으로 풀어본다면 성공과 실패 사이에는 6.25(50.00-43.75)라는 사잇값이 존재하는 건 아닐까? 성공하기 위해서는 사잇값을 0으로 만들어야 한다. 여러 번의 실패에 지쳐 자포자기한 사람에게 6.25는 절망스럽도록 거대한 차이일 것이다. 반면 긍정의 에너지가 넘치는 사람에게 6.25는 미미한 숫자에 불과할 뿐이다.

일일이 세어보지 않아도
전체의 수를
가늠할 수 있는 방법

비둘기집 이론

∴ **혈액형 알아맞히기 놀이**

사람의 몸속 구석구석까지 흐르는 혈액이 그 사람의 성격에 어떤 영향을
미치는 게 아닐까라는 궁금증에서 등장한 것이, 바로 혈액형에 따른 성격
분류 또는 혈액형점이라는 것이다.

혈액형점은 과학적인 근거하고는 거리가 멀다. 하지만 혈액형점이 사람
들 사이에서 자주 입에 오르내리는 소재인 것만은 확실하다. 혈액형점을
믿든 안 믿든, 그것과는 별개로 사람들은 혈액형 이야기에 관심이 많은 것
이다. 그래서일까. 상대방의 혈액형을 알아맞히면 당사자는 알아맞힌 사람
을 보고는 화들짝 놀라기 일쑤다.

단순하게 생각해봐도 혈액형을 알아맞힐 확률은 25%이다. 혈액형의 종류가 4개(A형, B형, O형, AB형)이기 때문이다. 그 정도는 낮은 확률이라고 할 수 없다. 우연하게 알아맞히는 경우가 그리 드물지 않다는 말이다.

일본인을 예로 든다면, 4가지 혈액형이 고르게 분포되어 있지 않다. 점유 비율이 높은 순서대로 혈액형을 나열하면 다음과 같다.

A형(40%) 〉 O형(30%) 〉 B형(20%) 〉 AB형(10%)

따라서 일본에서 "당신의 혈액형은 A형인가요?"라고 물으면, 40%의 확률로 혈액형을 알아맞힐 수 있다. 만약, "당신의 혈액형은 A형인가요, 아니면 O형인가요?"라고 물으면, 혈액형을 알아맞힐 수 있는 확률이 70%로 훌쩍 올라간다.

상대방의 혈액형을 곧바로 알아맞히는 것에 재미를 느끼지 못하고 시시하다고 생각하는 사람이라면, 먼저 "당신은 AB형은 아니지요?"라고 말하면, 90%의 확률로 상대방의 혈액형을 알아맞힐 수 있다. 이어서, "B형도 아니지요?"라고 물으면, 연속해서 알아맞힐 확률은 70%다. 그리고는 마지막으로, "그렇다면 당신의 혈액형은 A형인가요?"라고 말하면, 이때까지 연속해서 알아맞힐 확률은 40%가 된다. 이 확률은, 갑자기 "당신은 A형인가요?"라고 말해서 혈액형을 알아맞힐 확률과 같은 수치이다. 하지만 상대방은, 연속해서 세 번을 곧바로 알아맞히는 것에 더 놀라고 마는 것이다.

[정확한 사실을 알아내기 위한 질문 방법]

– 패턴1
- 당신의 혈액형은 A형인가요? : 40% 적중

⬇

- 당신의 혈액형은 A형인가요, O형인가요? : 70% 적중

– 패턴2
- 당신은 AB형은 아니지요? : 90% 적중

⬇

- B형도 아니지요? : 연속해서 적중할 확률 70%

⬇

-당신의 혈액형은 A형인가요? : 여기까지 연속해서 세 차례 적중할 확률 40%

∴ 정답을 알아내려면 어떻게 질문하느냐가 중요하다

앞에서 설명했듯이 혈액형은 ABO 방식으로 구분하면 4가지로 나뉜다. 5명 중에 혈액형이 같은 사람이 반드시 있다는 얘기다. 5명 중에 4명이 서로

[비둘기집 이론]

1호   2호

A, B, O, AB 중의 하나

1호에 3마리 있으면 2호에는 0마리
1호에 2마리 있으면 2호에는 1마리
1호에 1마리 있으면 2호에는 2마리
1호에 0마리 있으면 2호에는 3마리

5명이 있으면 4명 중에
어떤 1명과는 혈액형이 같다.

1호와 2호 중 어느 한 쪽의 집에는
2마리 이상의 비둘기가 있다.

다른 혈액형이라고 해도, 나머지 1명의 혈액형은 그 4명 중에 어느 1명의
혈액형과 같을 수밖에 없다.

이와 같은 접근법을 '비둘기집 이론'이라고 한다. 3마리의 비둘기가 있
어서 2개의 집 중에 어느 한 쪽으로 돌아간다면, 반드시 어느 한 쪽의 집으
로는 2마리 이상의 비둘기가 돌아오기 때문에 붙여진 이름이다.

'비둘기집 이론'은 다음과 같은 경우에 응용해볼 수 있다. 예를 들어, 13
명이 있으면 그중에는 생년월일에서의 달[월]이 같은 사람이 반드시 있게
된다. 요컨대, 이미 알고 있는 2개의 숫자 중에서 어느 하나가 다른 것보다
많으면, 반드시 많은 쪽에 중복되는 것이 있다는 뜻이다. 같은 방법으로, 다

음과 같은 경우도 '비둘기집 이론'을 활용하면 쉽게 이해할 수 있다.

- ■ 10개의 우편함에 11통의 엽서를 넣으면, 2통 이상의 엽서가 들어가는 우편함이 있다.
- ■ 10개의 우편함에 100통의 엽서를 넣으면, 10통 이상의 엽서가 들어가는 우편함이 있다.

이와 마찬가지로,

- ■ 1~100권까지의 책을 가지고 있는 사람이 101명이 있으면, 같은 수의 책을 가지고 있는 사람이 적어도 2명 이상은 있다.

책을 1권 가지고 있는 사람이 1명, 책을 2권 가지고 있는 사람이 1명, 이런 식으로 계속해서 100권까지 책을 가지고 있는 사람을 헤아리는데, 각각의 권수를 가진 사람이 1명밖에 없다고 해보자. 그렇더라도 101번째 되는 사람은 다른 100명 중에 누군가와는 가지고 있는 책의 권수가 같게 된다.

이런 방식으로, 일본인의 머리카락 개수가 아무리 많아도 20만 개라고 한다면, 일본의 인구 수는 약 1억270만 명이니까, 일본에는 머리카락 수가 같은 사람이 적어도 대략 635명 정도가 있는 것이다.

이처럼 '비둘기집 이론'을 활용하면 일일이 세어보지 않더라도 대략의 수를 가늠할 수가 있다.

스포츠 대회에 담긴 숫자의 법칙

실력을 겨루는 각종 스포츠에서 채택하는 대표적인 경기 방식으로는 토너먼트와 리그가 있다. 토너먼트는 승자끼리 시합을 벌이는 것이고, 리그는 참가자 전원과 시합을 벌이는 것이다.

예를 들어, 10개 팀이 참가하는 대회가 있다고 하자. 만약 이 대회를 토너먼트와 리그로 치루면 각각 몇 번이나 경기를 치르게 될까?

토너먼트는 승자끼리 시합을 벌이는 것으로, 마지막 한 팀(우승팀)이 남을 때까지 시합을 벌인다. 따라서 토너먼트의 경기 횟수는 그 마지막 한 팀을 제외한 '참가팀 수-1'로 구할 수 있다. 예를 들어, 10개 팀이 참가하는 토너먼트전에서 벌어지는 경기 수는 모두 9회이다.

한편, 참가팀 전원과 시합을 벌이는 리그의 시합 수는, 참가팀에서 두 팀을 뽑아서 계산하면 총 경기 횟수를 구할 수 있다.

계산 방식은, '참가팀 수×(참가팀 수-1)÷2'이다.

예를 들어, 10개 팀이 참가하는 리그의 경우라면, '10×9÷2 = 45'이다. 이번 리그에서는 모두 45경기가 치러지는 것이다.

CHAPTER

05

관계의 수

RULE

41

5명만 거치면
전 세계 어느 누구와도
연결이 되는 까닭은?

6단계 분리 이론

∴ 아는 사람의 아는 사람은, 아는 사람이라고?

자, 당신이 학창시절 친구인 A와 만나기로 약속한 날이 왔다고 하자. A는
애인을 데리고 나왔다. 한참 대화를 나누는데, A의 애인이 알고 지내는 사
람을 당신도 알고 있는 것이다. 예상하지 못했지
만 누구나 한 번쯤은 이런 경험을 해봤을
것이다.

예를 들어, 사회생활을 하는 보통의
사람이라면 얼굴과 이름까지 알고 지내
는 주변사람들이 평균 잡아 500명 정도는 있

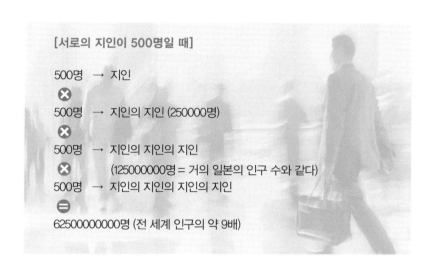

[서로의 지인이 500명일 때]

500명 → 지인

❌

500명 → 지인의 지인 (250000명)

❌

500명 → 지인의 지인의 지인

❌　　　(125000000명 = 거의 일본의 인구 수와 같다)

500명 → 지인의 지인의 지인의 지인

＝

62500000000명 (전 세계 인구의 약 9배)

을 것이다. 그런데 모든 사람이 500명의 지인을 두고 있고, 그들 중에 중복되는 사람이 없다면 아는 사람의 아는 사람은,

500명×500명=25만 명이며,

또한 그들이 아는 사람을 계산하면,

25만 명×500명=1억2500만 명이 된다.

이 정도면, 일본 전체 인구 수에 육박하는 수치다. 게다가 이들의 아는 사람 즉 지인을 계산하면, 그 수치는 전 세계 인구 수를 넘어서게 된다. 그 결과, 모든 사람에게 중복되지 않은 500명의 지인이 있다고 할 때, 본인과의 사이에 3명을 매개로 하면 전 세계 사람들과 연결될 수 있는 것이다.

500명의 지인이 많다고 생각한다면, 그 수를 50명으로 줄여 생각해보자. 오늘날은 비즈니스나 사생활에 있어서 인터넷이 사회관계망을 형성하는 수단으로 매우 중요한 역할을 한다. 특히 대부분의 사람들이 SNS를 통해서 온라인상에서 많은 사람들과 새로운 인간관계를 맺고 있다.

예를 들어, 인터넷서비스를 이용하는 여러분이 등록자에 중복됨 없이 1명이 50명의 친구를 등록하고 싶다고 하자. 그러면 다섯 단계에 가서는,

$$50 \times 50 \times 50 \times 50 \times 50 = 3억1250만 \text{ 명}$$

이 된다. 이 수치는 일본의 인구를 훌쩍 뛰어넘고도 남는다. 그리고 6단계에 가서는 전 세계 인구를 넘어서게 된다. 이를 두고 '6단계 분리 이론'이라고 한다. 중복되지 않는 50명의 지인이 있다면, 본인과의 사이에 5명을 중간 단계로 해서 6단계만 거치면 이론적으로는 전 세계 사람들과 이어지는 것이다.

∴ 밀그램의 실험

'6단계 분리 이론'을 실제로 확인한 연구가 있었다. 1967년 미국의 심리학자 스탠리 밀그램(1933~1984)이 실험한 '스몰 월드 실험'이 그것이다.

이 실험은, 무작위로 뽑힌 사람이 직접적인 관계를 맺고 있지 않은 수신인에게 어떤 사람을 중간 단계로 해서 편지를 전달할 수 있는지를 따져본 것이다. 그 방법으로는, 지정한 수신인을 대신해서 그를 알고 있을 것 같은 사람에게 편지를 발송하는 것이다.

그 결과, 최종 수취인에게 전달되기까지 중간에 거친 사람은 평균 5~6명이었다. 그런데 이 실험은 그 범위를 미국

스탠리 밀그램

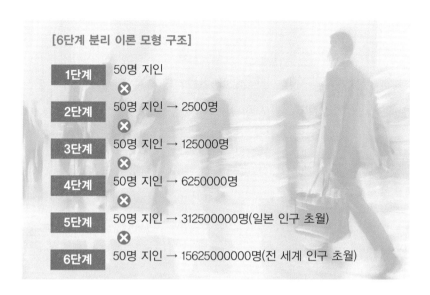

[6단계 분리 이론 모형 구조]

1단계 50명 지인

2단계 50명 지인 → 2500명

3단계 50명 지인 → 125000명

4단계 50명 지인 → 6250000명

5단계 50명 지인 → 312500000명(일본 인구 초월)

6단계 50명 지인 → 15625000000명(전 세계 인구 초월)

국내만으로 한정했을 뿐 아니라 실험에 쓰인 편지가 모두 전달되지 않았기 때문에 그 결과의 신뢰도를 놓고 한동안 문제점으로 제기되기도 했다. 이러한 이유로 밀그램 본인도 실험 결과를 통해서, 전 세계 사람들이 6단계만 거치면 연결된다는 주장을 펴지 못했다.

그런데 밀그램의 실험이 있고난 후에 다른 연구자들이 실시한 이와 비슷한 종류의 실험 결과를 보면, 편지의 최종 전달률이 비록 낮았더라도 중간에 평균 5~7명 정도를 거치면 첫 번째 사람과 최종 수신인이 연결되는 것으로 나타났다.

∴ **페이스북의 조사**

2011년 페이스북은 전 세계의 어떤 이용자도 평균 4.74명을 거치면 서로 연결된다는 조사 결과를 발표했다. 이것은 페이스북에 등록된 2명의 이용자가 그들 중간에 몇 명의 지인을 거치면 연결되는지를 분석해서 나온 결과였다. 즉, 4명을 거친 후에 다섯 번째 지인을 통해서, 바꿔 말하면 중간 단계를 다섯 번만 거치면 그 2명의 이용자가 서로 연결된다는 것이다. 그런데 페이스북에서는 중간 단계 수치가 4.74로서, 다섯 번이 안 될 정도로 그 수치가 적었던 것이다.

2008년에 실시한 조사 결과에서는 평균 5.28명으로 나타났다. 물론 페이스북 이용자 수가 그 기간 사이 증가한 영향도 있겠지만, 확실히 인터넷을 매개로 전 세계가 좁아지고 있다는 인상을 주기에는 충분한 수치였다.

SNS는 세상 사람들을 하나로 연결하는 강력한 고리가 되었다. 하지만 세상은 여전히 이념적·종교적·경제적·인종적으로 단절되어 있음을 부인할 수 없다.

RULE

42

우주인 혹은 이상형을
찾는 방정식

드레이크 방정식

∴ SF소설 같은 방정식

'드레이크 방정식'은 미국의 천문학자 프랭크 드레이크가 제시한 계산식
이다. '드레이크 방정식'은, 인류와 교신이 가능한 기술을 지닌 지적생물이
살고 있을지 모를 행성이 이 은하계 중에 과연 얼마나 존재하고 있는지를
추정한다.

　추정치를 구하는 순서를 구체적으로 살펴보면 다음과 같다. 다음의 7가
지 조건에 꼭 들어맞는 값을 구하면 된다.

　화살표가 가리키는 수치는 1961년 드레이크가 직접 설정한 것이다. 이
계산에 따르면, 인류와 교신이 가능한 기술을 지니고 있을 지적생명체가

[드레이크 방정식]

- 은하계 중에 1년에 새롭게 태어나는 항성의 수 → 10개
- 그 항성이 행성을 가지고 있을 확률 → 0.5%
- 그중에 생명이 탄생할 조건을 갖추고 있는 행성의 수 → 2개
- 생명이 탄생할 확률 → 1%
- 그 생명체가 지적생명체로 진화할 확률 → 0.01%
- 다른 행성과 교신이 가능한 기술을 지닐 확률 → 0.01%
- 그 기술 문명의 수명 → 10000년

살고 있을 행성은 우리 지구가 속한 이 은하계에 10개 남짓 존재한다.

그런데 이들 각각의 조건은 그 어느 것도 확실한 것이 아니며, 또한 대입되는 숫자에 따라서 결과치가 크게 바뀐다. 이처럼 드레이크가 제시한 방정식을 두고서는 확실성을 결여하고 있다는 지적이 있었다. 하지만 그 발상은 다양하게 활용될 수 있다.

프랭크 드레이크

예전에 수학을 소재로 일본 NHK방송에서 제작한 〈넋을 놓게 만드는 TV〉라는 프로그램에서, '드레이크 방정식'을 이용해서 이상적인 여성의 수를 구하는 방정식을 만든 어떤 영국인의 이야기를 소개한

[이상형 여성의 수를 구하는 방정식]

- 영국의 인구 수 → 60975000명
- 영국의 인구에서 여성이 점하는 비율 → 0.51
- 런던에 살고 있는 여성의 비율 → 0.13
- 24~34세까지의 여성의 비율 → 0.2
- 대학 졸업자인 여성의 비율 → 0.26
- 외모가 뛰어난 여성의 비율 → 0.5
- 여성이 미혼일 확률 → 0.5
- 본인과 성격이 맞을 확률 → 0.1
- 상대방이 본인을 매력적으로 느낄 확률 → 0.05

적이 있었다. 그 영국인이 생각해낸 방정식은 다음과 같다.

위의 수치를 계산하면, 꿈에서나 만날 이상적인 여성은 런던에 26명이 살고 있다. 그렇다면 괄호 안의 숫자를 설정하는 근거를 본인의 자유연상에 맡겨서, 방정식의 값을 구하는 데 그 재미를 더하게 할 수도 있다.

한편으로, 이 방정식에 대입할 수치가 설득력이 있는 근거에서 뽑아내면, 예를 들어 신제품의 판매 수를 예측하거나 이벤트에 참석하는 방문자 수를 미리 산정하는 업무에도 충분히 활용할 수 있다.

∴ 페르미 추정

불명확한 통계치를 추측하는 방법으로 유명한 것이, '페르미 추정'이다. 원자력 연구로 1938년 노벨물리학상을 수상한 물리학자 엔리코 페르미

[시카고에는 몇 명의 피아노 조율사가 있나?]

- 시카고의 인구 수 → 3000000명
- 1가구당 평균 인구 수를 3명으로 할 때 가구 수
  → 1000000가구
- 피아노가 있는 가구의 비율(0.1) → 100000가구
- 연간 피아노 조율 횟수가 1회일 경우 → 100000대
- 피아노 조율사는 연간 250일 근무하고,
  1일 평균 3대를 조율한다면 → 1명이 연간 750대를 조율할 수 있다.

(1901~1954)가 이 추정법의 근거를 설득력 있게 주장하고 나서면서 그의 이름을 따 '페르미 추정'으로 불리게 되었다.

엔리코 페르미

페르미가 출제한 유명한 문제가 하나 있다. "시카고에는 몇 명의 피아노 조율사가 있나?"를 추정하는 문제였다. 문제 풀이와 관련해서 앞에서 살펴본 '드레이크 방정식'처럼 추정치를 구하는 데 필요한 숫자를 대입해서 계산해보자. 위에서 정리한 풀이 과정에 따르면 100000대를 조율하는 데에는 약 130명의 조율사가 필요하게 된다. 이것을 수식으로 정리하면 다음과 같다.

$$100000 \div 750 = 약 \ 130명$$

'드레이크 방정식'은, 인류와 교신이 가능한 기술을 지닌 지적생물이 살고 있을지 모를 행성이, 이 은하계 중에 과연 얼마나 존재하고 있는지를 추정한다. 영화 〈콘텍트〉의 포스터.

모든 지도는
4가지 색으로
구분할 수 있다

4색 정리

∴ 오랫동안 풀리지 않았던 '4색 문제'

지도가 아무리 복잡하게 그려져 있다고 하더
라도 4가지 색만 있으면 지도 위의 모든 소
재를 구분해서 색칠할 수 있다는 것이 이른
바 '4색 정리'다. 서로 떨어져 있는 부분끼리
는 같은 색이 되어도 상관없다. 하지만 경계
가 선으로 되어 있는 부분끼리는 같은 색이
되어서는 안 된다.

  4가지 색으로 지도의 구석구석을 구분해

볼프강 하겐과 케네스 아펠

칠할 수 있다는 것은 이미 19세기경부터 경험적으로 알려진 사실이다. 이것은 언뜻 보면 단순한 것처럼 보이지만, 수학적으로 증명해내기가 쉽지 않았다. 이 때문에 문제 해결이 필요한 '4색 문제'로 불리면서, 오랜 기간 수학계에서 풀기 어려운 난제로 남아 있게 되었던 것이다.

이 '4색 문제'가 마침내 증명된 때는 1976년이었다. 두 명의 수학자, 볼프강 하겐과 케네스 아펠이 컴퓨터를 통해서 이 문제를 증명해냈다. 컴퓨터를 이용해서 문제를 증명했기 때문에, 처음에는 이들이 증명한 것이 정말로 맞는지를 두고 의심의 시선을 보내는 수학자들도 많았다. 왜냐하면 그저 종이와 연필만으로, 역사적으로 오늘날까지 문제풀이의 순간을 기다려왔던 수많은 난제들을 증명해낸 수학자들로서는, 컴퓨터를 이용한 증명에 대해서는 도대체 어디까지 믿어야 할지를 몰랐기 때문이다.

그런데 하겐과 아펠의 증명이 있고나서 성능이 훨씬 좋아진 컴퓨터를 통해서 추가로 실험한 결과, 이 두 사람의 증명이 틀림없다는 것이 밝혀졌다. '4색 문제'가 비로소 '4색 정리'로 떳떳하게 승격된 것이다.

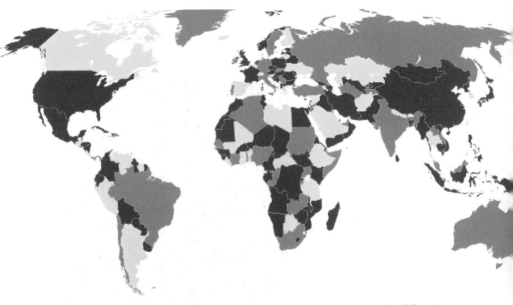

'4색 정리'는 아무리 복잡한 지도라도 4가지 색만 있으면 지도 위의 모든 경계를 구분해서 색칠할 수 있다는 이론이다. 4가지 색으로 지도의 구석구석을 구분해 칠할 수 있다는 것은 언뜻 보면 쉬워 보이지만 수학적으로 증명하기가 쉽지 않았다. 이 때문에 문제 해결이 필요한 '4색 문제'로 불리면서, 오랜 기간 수학계에서 풀기 어려운 난제로 남아 있었다.

∴ 일상생활에서도 활용할 수 있는 '4색 정리'

'4색 정리'는, 색칠로 지도를 구분하는 것뿐만 아니라 인접하고 있는 것끼리 같지 않게 하는 방법으로도 활용할 수 있다.

예를 들어, 휴대전화의 주파수가 같으면 전화를 할 때 혼선될 가능성이 있기 때문에 인접한 기지국의 주파수와 구별하기 위해서 '4색 정리'가 활용될 수 있다.

인터넷 검색 사이트에서 '4색 문제'를 입력해 검색하면, 4색으로 구분해서 색칠하는 다양한 게임을 만나 볼 수 있다. '4색 정리'를 활용해서 여러 가지 문제에 도전해보는 것도 재미있는 지적 유희가 될 듯하다.

1이 첫째이자 시작이
될 수밖에 없는 이유

벤포드 법칙

∴ **천문학자 뉴컴의 발견**

세상에는 숫자가 넘쳐난다. 얼핏 보기에 무질서하게 존재할 것 같은 숫자들 사이에도 일관된 법칙이 있다는 것을 발견한 사람이 있다. 1881년 미국의 천문학자 사이먼 뉴컴(1835~1909)은 도서관에서 대수표(상용로그표라고도 한다) 관련 책을 찾아 볼 기회가 있었다. 뉴컴이 책을 펼치자마자 한 가지 생각이 그의 머릿속을 스쳤다.

대수표가 실린 곳 중에서 첫 번째나 두 번째 페이지는 너덜너덜해져 있지만, 뒤 페이지로 갈수록 비교적 깨끗한 상태였던 것이다. 이를 보고, 뉴컴은 대수표를 이용하는 사람들은 첫 번째 자리의 숫자가 1이나 2로 시작하

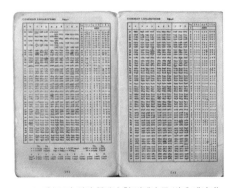

대수표가 실린 책에서 첫 번째나 두 번째 페이지는 너덜너덜해져 있지만, 뒤 페이지로 갈수록 비교적 깨끗한 상태였다. 뉴컴은 대수표를 이용하는 사람들은 첫 번째 자리의 숫자가 10이나 2로 시작하는 숫자 계산을 많이 한다고 생각했다.

는 숫자 계산을 많이 한다고 생각했다.

뉴컴은, 사람들이 1~9까지의 숫자가 같은 비율로 나타난다고 생각하기 쉽지만, 실제로는 유독 자주 등장하는 숫자가 있을 거라고 생각했다. 그래서 0 이외의 숫자를 조사해보았더니, '1→2→3→4→5→6→7→8→9'의 순으로 출현 비율이 제각각임을 알아냈다.

뉴컴은 첫 번째 자리에 오는 숫자의 출현 빈도를 계산하는 방법을 고안해서 해당 숫자의 출현 비율을 다음과 같이 계산했다.

[첫 번째 자리에 오는 숫자의 출현빈도]

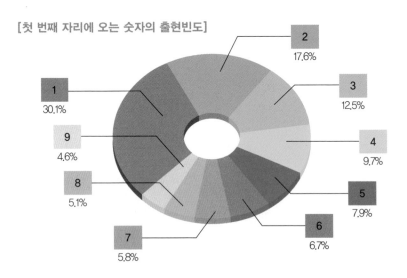

∴ 벤포드의 재발견

한편, 뉴컴의 발견은 시간이 지나면서 사람들 사이에서 점점 잊혀지고 말았다. 그로부터 많은 시간이 흐른 뒤 1928년경 미국의 물리학자 프랭크 벤포드(1883~1948)는 독자적인 방법을 통해서 뉴컴의 방식을 재발견했다. 벤포드도 우연하게 대수표를 보고 있다가 뭔가 번뜩이는 생각이 들었던 것이다. 대수표에서 문제의식을 느낀 벤포드는 수많은 데이터를 수집하고 분석해서, 뉴컴의 방식을 수학적으로 재증명했다.

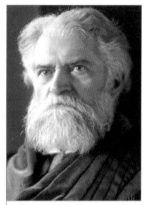

프랭크 벤포드

'벤포드 법칙'을 간단하게 설명하면 다음과 같다. 세상에 있는 숫자에는 그 첫 번째 자리의 숫자가 1로 시작하는 경우가 참 많다. 예를 들어, 신문이나 뉴스를 접하다 보면 '1년 사이에 2배', '18개월 동안', '세계 10대 재벌', '1998년 프랑스 월드컵', '1위 후보곡' 등등 1로 시작하는 숫자가 자주 등장한다. 특히 '10대 종목', '10가지 방법', '10주년 행사' 등 사람들이 일상적으로 가장 많이 사용하는 단위는 다름 아닌 '10'이다. 이것은 수학의 십진법과 무관하지 않다. 벤포드는 바로 이 점에 주목했다. 그는 데이터의 십진법 값에서 첫 자리가 1인 경우가 많다는 사실을 밝혀낸 것이다. 왼쪽 그래프에서 살펴봤듯이 1로 시작하는 경우는 30.1%나 된다.

∴ 불법적인 회계 조작을 의심해 볼 수 있는 단초

물론 숫자로 된 세상의 모든 데이터가 '벤포드 법칙'대로 나타나는 것은 아니다. 1995년 미국 조지아 공대 교수이자 수학자인 시어도어 힐은 '벤포드 법칙'이 성립하는 조건을 처음으로 통계를 활용해 정의했다. 시어도어 힐에 따르면, 세상의 수많은 통계 데이터(그 자체로는 '벤포드 법칙'이 성립되지 않는 통계 데이터도 상관없다)의 숫자를 무작위로 뽑더라도, 그 결과는 '벤포드 법칙'에 따라 나타난다는 것이다. 마을이나 도시의 인구 또는 주식시황 등의 데이터처럼 '벤포드 법칙'을 뒷받침하는 사례는 현실에서 많이 나타난다.

'벤포드 법칙'은, 통계 수치의 경우 특정 수치가 다수 등장하는 게 자연스러운 현상이라고 본다. 반면 통계를 조작할 경우에는 무의식중에 숫자들을 고르게 분포하는 경향이 있다. 따라서 통계 수치에 등장하는 숫자 분포가 고를 경우 '벤포드 법칙'에 위배된 것으로 파악해 통계 수치 조작을 의심해 볼 수 있다는 것이다. 실제로 기업의 회계감사에서 '벤포드 법칙'이 적잖게

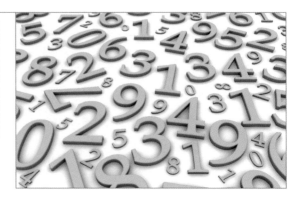

통계 수치의 경우 특정 수치가 다수 등장하는 게 자연스러운 현상이다. 반면 통계를 조작할 경우에는 무의식중에 숫자들을 고르게 분포하는 경향이 있다. 예를 들어 회계장부에서 1부터 9까지의 자연수가 고르게 분포되어 있다면, 회계 조작을 의심해 봐야 한다.

활용되곤 한다.

∴ 구구단 대신 통나무를 활용하라

'벤포드 법칙'을 발견하는 계기가 된 대수라는 것은, 로그(log)로 표기되는 수식을 가리킨다. 대수 계산법은 전자계산기가 없었던 시절, 곱셈을 간단한 덧셈으로 변환하기 위해서 찾아낸 계산 방법이다. 로그는 수학을 싫어하는 사람들의 머리를 아프게 하는 대표적인 수식이다. 따라서 로그에 대한 이해를 돕기 위해 최대한 쉽게 풀어 설명하면 다음과 같다.

[대수 계산법의 간단한 구조]

$\log_{10}100$의 의미는 '10을 몇 번 곱하면 100'이 되는가이므로,

10의 2승(10의 제곱=10^2)이 100

따라서 $\log_{10}100=2$

요컨대, '$\log_{10}X=a$'라 함은 '10의 a승=X'를 뜻함.

이것은 10을 '기준'(밑(底)이라고 한다)으로 한 것으로, '상용대수'(상용로그)라고도 한다. 대수 계산식에는 다음과 같은 공식이 있다.

$$\log_{10}ab=\log_{10}a+\log_{10}b$$

이상과 같은 방식으로, 대수를 활용하면 곱셈을 덧셈으로 계산할 수 있다.

RULE
45

신용카드 결제에
소수가 없으면 안 되는 이유

소수 활용법

∴ **소수는 어떻게 찾을 수 있나**

소수란, 1보다 큰 정수 중에서, 1과 자기 자
신 외에는 다른 정수로 나누어지지 않는 수
이다. 1은 소수에 포함되지 않는다.

　1을 제외하고 소수를 순서대로 적어보자.

　2, 3, 5, 7, 11, 13, 17, 19, 23······

　이렇듯 소수는 무한대로 존재한다.

　어느 숫자가 소수인지 소수가 아닌지를
구별하는 대표적인 방법으로, '에라토스테

에라토스테네스

네스의 체'라는 것이 있다. 에라토스테네스 (BC276~BC194)는 고대 그리스의 수학자다. 그가 제시한 방법의 핵심은, 이미 소수로 밝혀진 수를 가지고 차례로 정수를 나누고, 그 결과로 나눈 수를 하나씩 지워나가는 것이다. 자연수를 체로 쳐서 소수만 걸러 낸다는 것이다. 구체적인 방법은 뒷쪽 표와 같다.

소수가 무한하게 존재한다는 것은 분명한 사실이다. 하지만 소수가 어떤 규칙적인 패턴을 띠고 존재하고 있는지를 규명한 예는 아직까지 없다.

*이것을 메르센 소수라고 한다. 메르센 소수는 $2n-1$의 형태를 가진 소수이다. 프랑스의 수도사 마랭 메르센(1588~1648)이 발견한 것에서 그 이름을 따왔다.

소수인지의 여부를 구별하는 방법으로는, '에라토스테네스의 체'말고도 컴퓨터를 이용해서 여러 가지 방식이 시도되고 있다. 그런데 소수가 큰 숫자일수록 그것을 소수로 판정하려면 많은 시간이 걸린다.

지금까지 가장 큰 소수는 2013년 2월 미국 센트럴 미주리 대학의 한 연구자가 발표한 17425170자리 숫자이다. 이 숫자는, 2를 몇 번이고 제곱한 값에서 1을 뺀 정수*를 구하는 방식으로 찾아낸 것이다.

∴ 소수를 이용한 암호 기술

소수는 예로부터 수학자들의 관심을 한 몸에 받아온 매력적인 수이다. 그런데 소수의 매력은 거기에 그치지 않는다. 현대의 실생활에서도 없어서는

2와 3은 소수인데, 4 이상의 정수 중에 2로 나뉜 짝수를 지운다.

그 나머지 정수 중에 3으로 나뉜 수를 지운다.

나누어지지 않고 마지막까지 남는 것이 소수다.

100 이하의 자연수 중에서 아래 4종류의 수를 제외한 나머지인 가 소수이다.

2보다 큰 2의 배수 → 　　　　3보다 큰 3의 배수 →

5보다 큰 5의 배수 → 　　　　7보다 큰 7의 배수 →

	2	3	4	5	6	7	8	9	10
11	12	13	14	15	16	17	18	19	20
21	22	23	24	25	26	27	28	29	30
31	32	33	34	35	36	37	38	39	40
41	42	43	44	45	46	47	48	49	50
51	52	53	54	55	56	57	58	59	60
61	62	63	64	65	66	67	68	69	70
71	72	73	74	75	76	77	78	79	80
81	82	83	84	85	86	87	88	89	90
91	92	93	94	95	96	97	98	99	100

안 될 존재가 된 것이다. 왜
나하면 인터넷을 포함한 최
첨단 IT기술이 네트워크상
에서 기밀을 유지시키는 데
소수가 절대적으로 필요하기
때문이다. 누군가 마음만 먹
으면 인터넷에서 오가는 수

로널드 라이베스트, 아디 샤미르, 레너드 애들먼

많은 정보들을 빼올 수 있기 때문이다. 따라서 각종 신용카드 같은 것에는
비밀정보가 암호화되는 것이다. 바로 그 암호 기술에서 소수가 사용되고
있다.

예로부터 사용되어온 일반적인 암호 작성 방법으로는, 암호의 발신자와
수신자가 제3자는 이해하지 못하는 둘만의 문장을 암호화해서 사용하는
것이 일반적이었다.

암호 문장 만드는 방법을 열쇠에 비유하자면, 같은 열쇠를 가지고 있는
사람만이 암호를 해독할 수 있는 것이다. 그러므로 이 방법에 따르면, 발신
자와 수신자는 항상 같은 열쇠를 가지고 있어야만 한다.

[통상의 암호]

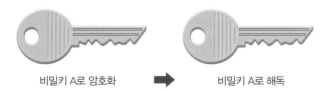

비밀키 A로 암호화   ➡   비밀키 A로 해독

인터넷은 불특정 다수의 사람들이 이용하는 온라인 공간이기 때문에 이런 암호는 제 역할을 다하기가 어렵다. 왜냐하면 인터넷쇼핑몰에서 물건을 사는 네티즌들은 모두 저마다 자신만의 암호로 만들어진 열쇠를 가지고 있어야 하기 때문이다.

그래서 생각해낸 것이 바로 공개키 암호이다. 이 암호화 방식은 고안자들인 3명의 수학자 로널드 라이베스트, 아디 샤미르, 레너드 애들먼의 이름 머리글자를 따서 'RSA암호'라고 부른다.

공개키 암호화 방식은, 암호화 하는 비밀키를 공개한다는 것이다. 암호화 하는 키를 공개하면 사람들은 누구나 암호를 해독할 수 있다고 생각하기 쉽다. 하지만 그렇게 되지 않도록 소수가 중요한 역할을 하는 것이다.

예를 들어, 673과 967이라는 2개의 소수를 알고 있다고 하자. 이 두 소수를 곱하면 650791이라는 답을 간단하게 구할 수 있다. 하지만 그 곱셈의 값인 650791로부터, 이 값이 나오게 곱셈을 한 원래의 두 소수를 역으로 구하는 것은 생각처럼 그렇게 간단하지가 않다.

2개의 소수를 곱한 값을 구하는 것은 간단하다.

$673 \times 967 = 650791$

2개의 소수를 곱해서 얻은 값에서
역으로 원래의 소수 2개를 구하는 것은 어렵다.

$650791 = 673 \times 967$

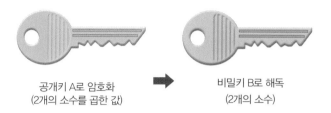

공개키 A로 암호화
(2개의 소수를 곱한 값)

비밀키 B로 해독
(2개의 소수)

그래서 이 2개의 소수를 곱한 값을 공개키로 사용하는 것이다. 그리고 이 공개키로 암호화한 문장은 원래의 2개의 소수를 알고 있는 사람밖에 해독할 수 없게 되는 것이다. 즉, 원래의 소수 2개의 값이 비밀키가 되는 것이다.

∴ 슈퍼컴퓨터로도 해독할 수 없다?

실제로는 2개의 소수와 그 소수를 곱한 값만으로, 암호를 만들고 해독을 하는 것은 아니다. 여기에 약간 복잡한 계산 과정을 덧붙여서 암호를 만들어 사용하는 것이다.

컴퓨터를 사용하는 사람이라면 누구나 한 번쯤은 본인의 암호가 곧바로 해독될 것 같은 기분을 느껴본 적이 있을 것이다. 그런데 실제로 몇 백 자리가 되는 2개의 소수를 곱한 값을 공개키로 할 경우, 그 수에서 원래의 2개의 소수를 구하려면 처리 속도가 엄청나게 빠르다고 하는 슈퍼컴퓨터를 사용하더라도 최소한 몇 십 년 이상이 걸릴 만큼 어렵다.

게다가 이 RSA암호 기술을 제공하는, 이른바 보안업체들은 1991년부터 2007년까지 RSA암호해독경진대회를 실시해왔다. 몇 백 자리가 되는 2개의

슈퍼컴퓨터를 뛰어넘는 양자컴퓨터는 광자(빛 입자)를 암호 전달에 이용하는 것으로 양자의 '얽힘' 특성에 기반을 둔다. 송수신자 이외에 제3자가 도청·감청 등 외부에서 개입할 경우 그 순간 광자의 양자상태가 바뀌어 원래 암호 내용을 알 수 없게 한다. 사진은 캐나다의 한 벤처회사가 개발한 '디-웨이브 투'.

소수를 곱한 값(공개키)을 공개하고, 원래의 소수를 찾아내는 사람에게 상금을 수여했다. 그렇게 해서 해독된 가장 높은 자릿수가 232자리이다. 이것은 2009년 일본의 이동통신업체인 NTT 도코모가 외국의 대학 연구기관과 협력해서 수백 대의 컴퓨터와 3년 이상의 연구 끝에 찾아낸 숫자이다.

2014년 현재, RSA암호로 이용되는 공개키는 309자리 혹은 617자리로서 그보다 더 크다. 이것은, 컴퓨터의 처리 속도가 더 빨라지고 있어도 당분간은 해독하기 힘든 암호화 공개키로 알려져 있다. 만약 이것을 해독할 수 있는 슈퍼컴퓨터가 등장했다면, 이보다 더 큰 자릿수의 공개키를 만들어 사용하기만 하면 된다.

RULE

46

순서를 매기는 것과
매기지 않는 것의 차이

순열과 조합의 원리

∴ **동전던지기와 주사위 게임**

동전 2개를 동시에 던져서, 2개 모두 앞면이나 뒷면이 나오면 당신이 이기고, 1개가 앞면이고 1개가 뒷면이면 상대방이 이기는 게임을 한다고 해보자. 경기를 하면 어느 쪽이 유리할까?

> 동전 2개를 던져서 앞면과 뒷면이 나오는 경우는 모두 3가지!
>
> 앞앞, 뒤뒤, 앞뒤
>
>
>
> 당신이 유리하다?

이 같은 방식으로, 주사위 2개를 동시에 던져서 나오는 눈의 개수를 더한 값이 짝수이거나 홀수이거나, 그 결과에 돈을 거는 게임을 한다고 해보자. 짝수와 홀수 중에 어느 쪽에 돈을 거는 것이 유리한가?

짝수가 나온다 → 짝수+짝수, 홀수+홀수 2가지

홀수가 나온다 → 짝수+홀수 1가지

짝수에 거는 쪽이 유리하다?

이런 예측은 모두 조합만 생각하고 순열을 생각하지 않은 데서 비롯된 실수의 결과이다. 순열이란 순서를 고려해서 나열한 방식이며, 조합은 순서를 고려하지 않은 나열 방식이다.

예를 들어, 1과 2라는 숫자를 나열할 때 '1 2'와 '2 1'은 서로 다른 나열이라고 생각하는 것이 순열이며, 그 나열의 전후 순서를 생각하지 않고 '1 2'와 '2 1'은 같은 나열이라고 생각하는 것이 조합이다.

동전의 예에서도, 2개의 동전은 서로 다르다고 생각하기 때문에, 동전 2개를 던질 때 나오는 동전의 앞뒤 방향은 다음과 같이 모두 4가지이다.

앞앞, 뒤뒤, 앞뒤, 뒤앞

따라서 어느 쪽에 판돈을 걸어도 이길 확률은 같은 것이다.

주사위의 예에서도, 2개의 주사위는 서로 다르다고 생각하기 때문에 주사위 2개를 던질 때 나오는 주사위 눈을 더한 값은 다음과 같이 2가지가 되므로, 판돈을 짝수에 걸든 홀수에 걸든, 이길 확률은 같다.

$$짝수가 나온다 \rightarrow 짝수+짝수, 홀수+홀수의 2가지$$
$$홀수가 나온다 \rightarrow 짝수+홀수, 홀수+짝수의 2가지$$

∴ 순열이나 조합을 구하는 방법

어떤 상황에서 순열이나 조합이 몇 가지로 나오는지를 알 수 있으면 실생활에서도 여러 가지 도움을 받을 수 있다. 고등학교를 졸업한 지 오래되어서 한동안 순열과 조합을 잊고 지냈던 독자들을 생각해서 몇 가지만 간단하게 설명하고자 한다.

예를 들어, 1, 2, 3 이렇게 3개의 숫자가 만들어내는 순열의 가짓수는, 3×2×1=6가지이다. 그러니까 3에서부터 하나씩 적은 아라비아숫자를 곱해서 나온 값이 답이다. 이런 곱셈법을 계승(階乘, factorial: 1부터 n까지 연속된 자연수를 차례로 곱해서 나온 값)이라고 한다. 계승은 '!'를 붙여서 표시한다. 예를 들어, 3의 계승은 '3!'으로 표시한다.

다음은 순열과 조합의 예들이다. 먼저 순열을 살펴보자.

- 서로 다른 4개의 숫자의 순열 : 4의 계승=4×3×2×1=24가지
- 서로 다른 4개의 숫자로부터 2개를 선택하는 순열 :
  4에서 2개만큼만 계승한다. 4×3=12가지
- 서로 다른 4개의 숫자로부터 3개를 선택하는 순열 :
  5에서 3개만큼만 계승한다. 5×4×3=60가지

n개에서 r개를 선택할 때의 조합은 다음과 같이 구한다.

(n개에서 r개를 선택할 때의 순열)÷(r개의 계승)

■ 서로 다른 3개의 숫자 조합 : 3의 계승÷3의 계승=1가지

■ 서로 다른 4개의 숫자에서 2개를 선택하는 조합 :

(4개의 숫자에서 2개의 숫자를 뽑은 순열)÷(2의 계승)=$(4×3)÷(2×1)$

$=12÷2$

$=6$가지

예를 들어, 일상생활에서 다음과 같은 상황이 일어났을 때 순열이나 조합을 알고 있으면 여러모로 편리하다.

■ 야구 시합에서 타자 9명의 타순을 뒤섞어 서로 다른 순서로 배치하는 데 필요한 경기의 수 :

9의 계승=$9×8×7×6×5×4×3×2×1$ = 362880경기

■ 아직 읽지 않은 책이 5권 있고, 출장을 갈 때 그중 2권을 가지고 갈 생각이다. 책 2권을 고를 수 있는 가짓수 :

(5권에서 2권을 선택하는 순열)÷(2의 계승)=$(5×4)÷(2×1)$

$=20÷2$

$=10$가지

■ 윗옷 4벌, 바지 4벌, 셔츠 4장이 있다. 모두 몇 가지로 옷을 입을 수 있을까(순열의 응용) : $4×4×4=64$가지(즉, 64가지의 코디를 할 수 있다. 이것을 중복순열이라고 한다.)

[순열:순서를 고려해서 나열하는 방법]

- 1, 2, 3의 순열 : (123)(132)(213)(231)(312)(321)의 6가지
- 다른 n개의 순열 : n!(n의 계승)가지

  (예) 1, 2, 3, 4의 순열 : 4! = 4×3×2×1=24가지
- 다른 n개에서 r개를 선택할 때 순열 : n개에서 r개만큼 계승

  (예) 1, 2, 3, 4에서 2개를 선택할 때 순열 : 4×3 = 12가지

[조합:순서를 고려하지 않고 나열하는 방법]

- 1, 2, 3의 조합 : (1과 2와 3)의 1가지
- 다른 n개에서 r개를 선택할 때 조합

  =(n개에서 r개를 선택했을 때의 순열)÷(r개의 계승)

  (예) 1, 2, 3, 4에서 2개를 선택할 때의 조합

  =(4×3)÷2!=12÷2=6가지

∴ 순열과 조합의 원리 응용하기 _3자릿수 다이얼 키가 위험한 이유는?

3자릿수 다이얼 키는, '10×10×10=1000가지'의 번호 중에서, 1개의 조합
에서만 열리도록 제작된 보안장치이다.

그런데 1초에 1개의 번호를 시험할 수 있다고 하자. 그렇다면 1000가지
의 번호를 모두 시험 삼아 입력하는 데 걸리는 시간은, 길어봤자 1000초(16
분40초)이다.

000~999까지의 번호 중에 그 중간 쯤에 다이얼 키의 암호 번호가 있다면, 000에서부터 입력 테스트를 시작했으면 8분 전후가 지나면 암호 키로 잠겨 있던 문을 열 수 있게 되는 것이다. 암호 번호가 중간보다 더 앞쪽에 있다면 그만큼 더 빨리 문을 열 수 있을 것이다. 이처럼 3자릿수로 만든 다이얼 키는 생각보다 훨씬 빠른 시간 내에 뚫릴 가능성이 높다.

금고 등의 다이얼 키 암호는 자릿수만 하나 더 추가해도 보안 안전성이 10배나 증가한다.

만약 자릿수를 4자리로 늘린다면, '10×10×10×10＝10000가지'의 번호가 만들어진다. 1초에 1개의 번호를 테스트한다고 하면, 최대한 길어봤자 1만 초(2시간 46분 40초)가 걸린다. 만약 암호 키의 번호가 중간에 있다고 하면 1시간 30분 전후가 지나면 문을 열 수 있다는 얘기다. 암호 키의 자릿수를 한 자리만 늘려도 보안의 안정성은 10배가 증가하게 된다.

사람들은 한 번에
일곱 자리 이상의 숫자를
기억하기 어렵다

매직넘버 7 법칙

∴ **'7'은 어떻게 특별한 숫자가 되었을까?**

'럭키세븐(행운의 숫자 7)'이라는 말이 있는 것처럼, 사람들은 '7'을 행운의 숫자로 생각한다. 럭키세븐이란 단어는 운동 경기인 야구에서 그 기원을 찾을 수 있다.

1885년 미국 프로야구 메이저리그 경기에서 있었던 일이다. 시합 도중 7회 공격에서 타석에 들어선 타자가 투수의 공을 쳤다. 보통 때였더라면 수비수가 잡을 수 있는 공이었다. 그런데 공이 뻗어나가는데 운동장에 그만 세찬 바람이 불었다. 수비수가 잡을 수 있는 플라이성 타구는 바람을 타고 외야의 펜스를 넘어갔다. 홈런이었다. 이로써 승부가 갈리게 되었다. 이때부터 야구 시합에서 7회가 양 팀을 통틀어 승부를 결정짓는 가장 중요한 분기점이 되는 이닝으로 기억되었다.

조지 밀러

∴ 단기기억은 7±2가 한계

1956년경 미국의 심리학자 조지 밀러 (1920~2012)는 몇 가지 실험을 통해서, 사람은 짧은 시간 내에는 동시에 7개 정도(정확히는 7±2, 즉, 5~9개 정도)밖에 기억하지 못한다는 이론을 제시했다. 이것을 '매직넘버 7'(매직넘버 7±2)이라고 한다.

예를 들어, 아무런 순서 없이 무작위로 쓴 숫자를 단기기억으로서 한 번에 기억할 수 있는 숫자의 개수가 7±2(5~9)개라는 것이다. 외워야 할 것이 7개 이상이라면, 7개 정도를 하나의 그룹으로 묶어서 기억하는 것이 낫다는 것이다.

여러분도 지금 바로 시도해보기 바란다. 예를 들어, 아래에 7개의 숫자가 제시되어 있다. 그냥 한 번 훑어만 보더라도 그 숫자를 웬만큼 정확하게 기억해낼 수 있을 것이다.

3196291

하지만 그 배가 되는 14개의 숫자가 제시되어 있다면 어떻게 될까? 기억하기가 꽤 어렵다고 느껴지지 않을까?

57663798185724

한편으로, 스마트폰의 전화번호는 11자릿수이지만 그나마 겨우겨우 기억해낼 정도다. 그런데 그 전화번호도 제대로 기억을 하지 못하는 상대방에게 전화를 처음 걸 때, 전화번호를 한번 정도 훑어보고서 입력 버튼을 제대로 누르는 것에 불안감을 느껴 대략 2번 정도로 나누어서 상대방의 전화번호를 입력하는 사람들도 꽤 있다.

이처럼 한정된 기억처리와 관련된 사례들은, 기억뿐만 아니라 시각, 청각, 후각, 미각 등 그 밖의 인지정보 처리 과정에서도 확인할 수 있다.

인간의 단기기억의 한계는 7±2이다. 7±2이 넘어가는 데이터는 나뭇잎이 바람에 떨어져 날아가듯 머릿속에서 휘발돼 사라진다.

해야할 일을 미루지 마라, 나중에 하려면 곱절로 힘이 든다!

에미트 법칙

∴ **나중으로 미루는 습성**

'모르겠어, 그냥 기운이 없네', '하다가 안 되면 그만 둬야지, 뭐. 어쩌겠어.'
등등. 지금 당장 해야 하는 줄 알면서도 이런저런 별의별 핑계를 다 대면서
꾸물대다가, 결국에는 제 할 일을 미루고 만 적이 누구에게나 한 번쯤은 있
을 것이다.

　독일의 자동차 기업 메르세데스 벤츠와 같은 일류기업을 고객으로 둔
마케팅 전문가이자 이미지 컨설턴트인 리타 에미트는, 좀처럼 일을 시작하
지 못하는 '꾸물대는 사람들'을 향해서 자신의 이름을 딴 '에미트 법칙'을
다음과 같이 제시했다.

일을 미루게 되면, 그 일을 곧바로 처리했을 때와 비교해서 나중에 결과적으로 2배의 시간과 에너지가 소요된다.

■ 제1법칙 : 일을 미루게 되면, 그 일을 곧바로 처리했을 때와 비교
　 해서 나중에 결과적으로 2배의 시간과 에너지가 소요된다.
■ 제2법칙 : 미루게 되는 첫 번째 원인은, 지나치게 완벽을 고집하
　 기 때문이다.

　제1법칙은, 예를 들어 금방 해야 할 일을 미루게 되면, 곧바로 일을 해치우면 1시간이면 충분할 것도 나중에는 2시간을 들여야만 할 수 있게 된다는 것이다. 그러니, 귀찮다고 생각할수록 곧바로 해치워버려야 나중에 있을지 모를 시간 낭비나 에너지를 줄일 수 있게 된다. 필자에게도 직업상 인터뷰 취재를 할 때가 있다. 취재할 때에는 취재 내용을 떠올리기 위해서 인터뷰 중에 녹음을 한다. 그런데 취재가 끝나고 그 내용이 머릿속에 뚜렷하게 남아 있으면 녹음 내용을 확인하는 수고도 줄어들게 된다. 하지만 시간이 지날수록 취재 내용은 점점 잊혀지고 기억도 흐릿해진다. 결국 취재할 때 녹음했던 테이프나 파일을 처음부터 다시 듣게 되는 수고를 해야만 하

는 것이다.

작업일지 같은 보고서나 영수증 또는 계산서 등도 당일에 작성하면 그렇게까지 큰 수고를 할 필요가 없다. 그런데 제때 정리하지 않고 쌓아 두면, 그것이 언젠가는 골칫덩이가 되고 만다.

몸 상태가 좋지 않을 때 병원에 가는 것을 미루게 되는 경우가 있다. 그런데 그때 곧바로 병원에서 검사를 받으면 간단하게 치료가 될 것이, 시간이 지남에 따라 병을 키우다시피 해서 수술이나 입원이 필요한 상황에까지 이르게 되는 경우가 적지 않다.

∴ 서툴지만 빠른 일처리가, 잘하지만 느린 일처리보다 낫다

제2법칙은, 이를테면 특히 성실한 유형의 사람들에게 해당한다. 바꿔 말하면, 완벽한 것을 추구하는 욕구 때문에, '아직 아니야. 좀 더 준비해야 돼'라든가, '제 일정에 마감하기 어려울 것 같다'고 하면서 해야 할 일을 미루는 경우에 해당한다. 하지만 준비가 완벽할 때를 기다린다면 그때는 오지 않을 것이다. 그러니 시작도 못하고 마냥 기다리게 되는 것이다.

예를 들면, 자전거 페달을 처음 돌릴 때에는 제법 힘껏 발을 굴려야 한다. 그런데 일단 자전거가 움직이기 시작하면 페달을 돌리기가 훨씬 쉬워진다. 마찬가지로, 무슨 일이라도 처음 하려면 상대적으로 강한 정신력이나 에너지가 필요하다. 하지만 일단 시작하고 나면 생각했던 것보다 더 많은 일을 수월하게 처리할 수가 있다. 본래 일이란 게, 시작부터 하고 보는 것이다.

자전거 페달을 처음 돌릴 때에는 제법 힘껏
발을 굴려야 한다. 그런데 일단 자전거가 움
직이기 시작하면 페달을 돌리기가 훨씬 쉬워
진다. 무슨 일이든 처음 하려면 상대적으로
많은 에너지가 필요하다. 하지만 일단 시작하
고 나면 생각했던 것보다 더 많은 일을 수월
하게 처리할 수 있다.

사칙연산의 꽃은
나눗셈이다!

나눗셈의 묘미

∴ 0으로 나누는 것은 성립하지 않는다

당신은 사칙연산 가운데 무엇을 가장 먼저 배웠는가? 아마도 덧셈이었을 것이다. 그 다음 뺄셈과 곱셈을 배웠고, 이어 나눗셈을 공부했을 것이다. 필자가 존경하는 한 수학자는, 사칙연산을 가만히 들여다보면 왜 인간이 뭐

든 더 갖고 싶어 하고(덧셈), 빼앗고 싶어 하며(뺄셈), 몇 갑절 부풀리고 싶어 하는지(곱셈) 잘 알 수 있다고 한다. 이렇게 세 가지를 이룬 연후라야 비로소 베풀고 싶은 마음(나눗셈)이 생긴다는 것이다.

그 수학자의 생각을 존중한다는 뜻에서, 이 책

에서는 무엇보다도 나눗셈의 묘미를 느껴보기로 하자.

수식 '2÷2'는 2개의 사과를 2명이 나누면, 1명당 사과 1개를 가지게 된다는 뜻이다. 그렇다면 '2÷0'은 2개의 사과를 0명으로 나눈다는 뜻이다. 그런데 0명이라면 사과를 나눌 수 없다는 뜻이기도 하다. 그렇다면 답은 원래 2라는 말인가? 2는 정답이 아니다. 그렇다면 0이란 말인가? 물론 0도 아니다. 원래 사칙연산에는 0으로는 나눌 수 없다는 규칙이 있다. 그 이유를 살펴보자.

'a÷b=c'는 'b×c=a'이다. 따라서 '6÷3=2'는 '3×2=6'이 된다. 이런 식으로 '2÷0=a'라면, '0×a=2'가 되어야 한다. 그런데 0에는 어떤 수를 곱해도 0이 된다. 따라서 위의 수식에서 2가 답이 될 수는 없다. 즉, 0과 곱해서 2가 되는 a라는 수는 존재하지 않는다. 따라서 0으로 나누는 것은 성립하지 않는다.

그렇다면 '0÷0'의 경우는 어떨까? '0÷0=a'라면, '0×a=0'이 된다. 그런데 이 수식은 어떤 수라도 a를 만족시키면서 성립되기 때문에, '0÷0'의 값은 모든 수가 정답이다. 따라서 답을 하나로 정할 수 없는 것이다.

'극한'의 개념을 도입하면 0으로 나누는 것이 가능할 수도 있다. 하지만 일반적으로 0으로 나누면 그에 해당하는 답은 없다.

[왜 0의 나누기는 성립되지 않을까?]

- 0÷a = 0 → 0을 어떤 수로 나누어도 답은 0
- a÷0 = 없다 → 0으로 나누면 그에 해당하는 답은 없다.

■0÷0 = 정할 수 없다 → 0÷0의 답은 모든 수에 해당하기 때문에 답을 하나로 정할 수 없다.

∴ 이거 나눗셈 맞아?

다음에 나열된 수들 중에서, 3으로 나눌 수 있는 수는 무엇일까? 암산으로 금방 알 수 있겠는가?

111111	222222
321123	133133

3으로 나눌 수 있는지 없는지를, 실제로 3으로 나누어 보지 않고도 곧바로 알 수 있는 방법이 있다. 각각의 단위의 숫자를 모두 더하고, 그 합계가 3으로 나누어지면 그 수는 3으로 나누어지는 수이다.

예를 들어, 처음의 수 '111111'의 각 단위의 합은 6이므로, 3으로 나눌 수 있다. 마찬가지로, 두 번째와 세 번째의 숫자도 각각 단위의 숫자의 합이 12가 된다. 따라서 3으로 나눌 수 있다. 마지막 숫자는 각각의 단위의 숫자의 합이 14가 된다. 따라서 3으로 나눌 수 없다.

이와 관련해서, 숫자 9도 같은 방식으로 각각 단위의 숫자의 합이 9로 나뉘면, 그 수는 9로 나눌 수 있다. 그 밖의 다른 숫자도 나눌 수 있는지를 구별하는 방법은 다음과 같다.

[나눌 수 있는 수를 쉽게 찾는 방법]

- 1의 자릿수의 숫자가 0을 포함해서 짝수(0, 2, 4, 6, 8)인 수
- 각각 단위의 숫자의 합계가 3으로 나뉘는 수
- 마지막 두 자리(십 단위의 자릿수와 일 단위의 자릿수)의 숫자가 4로 나뉘는 수
- 1의 자릿수의 숫자가 0 아니면 5인 수
- 2로도 나뉘고 3으로도 나뉘는 수(2와 3의 구별 방법을 동시에 만족시키는 수)
- 마지막 세 자리의 숫자가 8로 나뉘는 수
- 각각 단위의 숫자의 합계가 9로 나뉘는 수
- 1의 자리의 수가 0인 수

∴ 1월 1일이 일요일이면 2월 10일은 무슨 요일일까?

7÷2를 하면, 몫은 3이고 나머지는 1이다. 이때 나누기에서의 나머지를, 글자 그대로 이용 가치가 없는 것으로 느끼는 사람도 적지 않을 것이다. 하지만 나누기에서의 나머지는, 앞에서 언급했듯이 소수를 활용한 암호기술(222쪽 참조)에서도 중요한 역할을 한다. 또한 나머지 활용법을 조금이라도 알고 있으면 실생활에서도 심심찮게 도움을 받을 수 있다.

예를 들어, 올해의 1월 1일이 일요일이라고 하자. 그렇다면 2월 10일은 무슨 요일일까? 나누기에서의 나머지를 이용하면 곧바로 알 수 있다. 먼저, 1월 한 달의 달력을 보자.

[1월 1일이 일요일인 달력]

January

日	月	火	水	木	金	土
1	2	3	4	5	6	7
8	9	10	11	12	13	14
15	16	17	18	19	20	21
22	23	24	25	26	27	28
29	30	31				

요컨대, '날짜÷7'의 나머지가 1이면 일요일이고, 나머지가 2이면 월요일이며, 나머지가 3이면 화요일이고, 나머지가 4이면 수요일이 된다. 이런 식으로 요일을 산정한다. 그리고 나머지가 0이면 토요일이다. 즉, 1월 31일의 경우를 보면, 31÷7=몫은 4, 나머지는 3이다. 나머지가 3이라면 화요일이다. 이와 같은 방식으로 2월 10일을 따져보면, 31일+10일=41일 이므로 41÷7=몫은 5, 나머지는 6이다. 나머지가 6이라면, 금요일이 되는 것이다.

두뇌 트레이닝에 좋은 '별난 곱셈법'

$$
\begin{array}{r}
56 \\
\times\ 54 \\
\hline
3024
\end{array}
\qquad
\begin{array}{r}
79 \\
\times\ 71 \\
\hline
5609
\end{array}
\qquad
\begin{array}{r}
93 \\
\times\ 97 \\
\hline
9021
\end{array}
$$

십 단위 자릿수의 숫자가 같고, 일 단위 자릿수 숫자의 합이 10이 되는 경우, 십 단위(두 자릿수) 자릿수의 숫자를 곱한 값을 간단하게 구할 수 있다. 56×54라면, 십 단위 자릿수 5와 그것에 1을 더한 수 6을 곱해서, 5×6=30을 얻는다. 다음으로, 일 단위 자릿수의 숫자를 곱해서, 6×4=24를 얻는다. 그리고 이 두 숫자를 나란히 이어놓으면(더하는 것이 아니다), 3024가 된다.

79×71이라면, 십 단위 자릿수 7과 그것에 1을 더한 수 8을 곱해서,  7×8=56을 얻는다. 다음으로, 일 단위 자릿수의 숫자를 곱해서, 9×1=09(이 때에는 9가 아니라 반드시 2자리로 만들어야 한다. 따라서 09가 된다)를 얻는다. 그리고 이 두 숫자를 나란히 이어놓으면 5609가 된다.

이와 같은 방식으로 93×97을 구하면, 9021이 된다.

생각의 틀을 바꾸는 수의 힘

숫자의 법칙

초판 1쇄 발행 | 2015년 5월 7일
초판 3쇄 발행 | 2016년 9월 27일

지은이 | 노구치 데츠노리
옮긴이 | 허 강
펴낸이 | 이원범
기획 · 편집 | 김은숙
마케팅 | 안오영
표지 · 본문 디자인 | 강선욱

펴낸곳 | 어바웃어북 about a book
출판등록 | 2010년 12월 24일 제2010-000377호
주소 | 서울시 마포구 서교동 394-25 동양한강트레벨 1507호
전화 | (편집팀) 070-4232-6071 (영업팀) 070-4233-6070
팩스 | 02-335-6078
ISBN | 978-89-97382-37-8 03320

ⓒ 노구치 데츠노리, 2015

* 이 책은 어바웃어북이 저작권자와의 계약에 따라 발행한 것이므로
  본사의 서면 허락 없이는 어떠한 형태나 수단으로도 책의 내용을 이용할 수 없습니다.
* 잘못된 책은 구입하신 서점에서 바꾸어 드립니다.
* 책값은 뒤표지에 있습니다.

한발 앞서 시장을 내다보는 눈
2016 업계지도
| 한국비즈니스정보 지음 | 25,000원 |

돈 되는 황금기업과 돈 까먹는 먹튀기업을 찾아라!
톱니바퀴처럼 맞물려 있는 기업 및 업종 간의 관계를 명쾌하게 파헤친다!

금융, 전자·통신, 자동차, 건설, 화학, 중공업, 유통, 문화 콘텐츠 등 국내외 48개 산업을 그림으로 알기 쉽게 분석·정리하고 실적 데이터를 바탕으로 미래를 전망하는 투자 전략 지침서. 업종별로 대표기업들의 경영실적, 업계서열, 출자·경쟁관계, 시장점유율 등을 이해 쉽게 그래픽으로 풀어냈다.

당신이 원하는 채용에 관한 모든 정보
대한민국 취업지도
| 취업포털 커리어, 한국비즈니스정보 지음 | 25,000원 |

부족한 스펙은 정보력으로 채워라!
취업과 이직을 위한 모든 채용 정보를 한 권으로 꿰뚫는다!

국내 최고의 취업 컨설턴트와 기업분석팀이 공동으로 집대성한 채용 정보 해부도! 700여 개 기업의 직급별 연봉 정보와 승진 연한, 채용 인원 및 시기, 스펙과 더불어 대기업들의 인적성검사, 국내 300여 개 공공기관의 신입사원 연봉 및 연간 채용 인원까지 취업에 필요한 모든 정보를 담았다.

그래픽으로 파헤친 차이나 파워의 실체
중국 업계지도
| 김상민, 김원, 황세원, 강보경 지음 | 23,000원 |

전 세계 기업의 숨통을 움켜쥔 중국,
중국 경제와 중국 산업에 대한 가장 생생한 라이브 중계!

중국 금융시장 개방의 신호탄 후강통! 후강통 시대에 주목해야 할 중국 기업은 어디인가? 휴대폰, 자동차, 반도체, 철강, 조선, 석유화학, 엔터테인먼트 등 40여 개 업종의 글로벌 시장과 중국 시장 현황, 그리고 그 속에 포진해 있는 중국 기업과 한국 기업의 고군분투가 그래픽을 만나 한층 실감 나게 전달된다.

기업 경영에 숨겨진 101가지 진실

| 김수헌, 한은미 지음 | 16,800원 |

특종 발굴의 명수 경제전문기자와 베스트 애널리스트가 파헤친
기업 공시, 회계, 금융, 주가에 얽힌 속내!

셀트리온 공매도 세력 죽이기 작전, 최대 주주가 참여하지 않은 유상증자의
검은 내막, '알박기' 1년 만에 두 배 수익 극동전선 유상감자의 마술, 신준호 회장
대선주조 먹튀 사건 전모, LG유플러스 눈물의 자사주 소각 등등. 140개의 열쇠
로 기업 경영과 주가의 비밀을 푼다!

위기를 조장하는 이코노미스트들의 위험한 선택

샤워실의 바보들

| 안근모 지음 | 16,000원 |

정부와 중앙은행의 위험천만한 화폐 실험이
경제를 통제불능의 괴물로 만들고 있다!

중앙은행은 시장을 지배하는 신(神)이기를 자처했고, 시장은 그러한 신의 계시
를 맹목적으로 따랐다. 그 결과 시장은 거품과 붕괴, 인플레이션과 디플레이션
이 끝없이 반복되고 있다. 국내 유일의 '중앙은행 관찰자'라 불리는 저자는 정부
와 중앙은행에 대한 비판적 시각을 견지하며 금융위기 이후 주요국의 재정과 통
화 정책을 깊이 있게 풀어냈다.

초일류 거부를 만든 부자 DNA

세계 슈퍼 리치

| 최진주, 남보라, 문향란 지음 | 16,000원 |

부의 피라미드 맨 꼭대기를 점령한 0.00001%
이들을 억만장자로 만든 특별한 유전자를 살펴본다!

멕시코 통신 재벌 카를로스 슬림, 자라의 아만시오 오르테가, 삼성의 글로벌 신
화를 완성한 이건희, 검색 공룡 구글을 밀어낸 바이두의 리옌훙 등 세계에서 가
장 돈이 많은 슈퍼 리치 40인의 삶과 성공 전략을 추적한 탐사 기록! 이 책에는
전 세계 부의 흐름을 알 수 있는 바로미터가 담겨있다.